SPEAK TO WIN

人生を劇的に変える言葉の魔力

ブライアン・トレーシーの話し方入門

How to present with POWER in any situation

ブライアン・トレーシー［著］
Brian Tracy
門田美鈴［訳］
Misuzu Kadota

日本実業出版社

SPEAK TO WIN :
How to Present with Power in Any Situation.

by Brian Tracy

Japanese translation rights arranged with AMACOM,
a division of the American Management Association, International, New York
through Japan UNI Agency, Inc., Tokyo.

イントロダクション

人を動かすパワフルな話し方

Speaking to Win

Our destiny changes with our thoughts; we shall become what we wish to become, do what we wish to do, when our habitual thoughts correspond with our desires.

ORISON SWETT MARDEN

私たちの運命は考えとともに変わる。つまり、私たちは自分が望むことをたえず考えていれば、なりたいと望むものになり、したいと望むことをするようになる。

オリソン・スウェット・マーデン

聴衆に向かって話をする能力は、成功に不可欠である。上手に話すことができれば、人の尊敬を集め、もっと会社の役に立ち、あなたを助けチャンスを与えてくれる人々から注目されるようになる。さらに、あまりうまく話せない人よりも有能で知的だと思われる。

あなたの最も重要な美点は何だろう?

それは「知性」である。人間の最も重要な能力は、よく考え、自分をはっきり表現できるということだ。この能力は、より多くの収入を得、より早く昇進するのに役立つ。つまり、あなたの力を示す方法はただ一つ、あなたの考えやアイデアをはっきりと口頭や文章で表すことだ。上手に話せば、「あの人は自分の言っていることがわかっている」と見てもらえる。

ありがたいことに、知性は筋肉のようなものである。使うことで、さらに強くなり、能力が高まる。前もって自分の考えと言葉をまとめておけば、自分の言うことや言い方により注意を払うことができる。プランを立て、準備をして、スピーチやプレゼンテーションを行なえば、知性を高度に働かせることになり、あなたはいっそう賢くなる。

不安をなくし、キャリアを伸ばそう

何年か前、私はあるビジネスマンのグループに、実行力についてのセミナーを行なった。

イントロダクション

人を動かすパワフルな話し方

そのなかで、人を動かす上手な話し方が大切だと力説した。

セミナーが終わったあと、一人のビジネスマンがためらいがちに近づいてくると、私の話を聞いて、上手に話をする方法をぜひ身につけようと思うと言った。彼は管理者にないがしろにされ、昇進を見送られるのにうんざりしていたのだ。

一年後、彼から手紙が来た。それによると、すぐに行動を起こしたという。スピーチのトレーニングをするクラブ、「トーストマスターズ」の地元支部に入り、毎週のミーティングに出席したのだ。ミーティングでは毎回、一人ずつ立ち上がって一定のテーマについて話をし、成績がつけられた。

トーストマスターズでは「系統的脱《だつ》感《かん》作《さ》」という方法を用いる。これは、何かを何度もやっていると、最後にはそれに鈍感になるということ。繰り返し人前でしゃべっていると、やがて不安がなくなるというわけだ。

さらに、彼は一四週間のデール・カーネギー・コースも受講した。そこでは、毎回、みんなの前で話をさせられた。半年もたたないうちに、長短とりまぜて多くのプレゼンテーションを行なって、不安はほぼなくなった。それどころか、自分自身を表現することに自信が持てるようになった。

道は開ける

そのことで、ちょっとした出来事があった。彼の会社の共同経営者の一人が、クライアントの会社でプレゼンテーションを行なうことになっていた。ところが、その人が急に体調を悪くし、会議に出られなくなった。そこで彼は上司から代わりに行くように言われた。

その日の午後と翌日の午前中をかけて、彼は徹底的に準備をした。それから、クライアントのところへ赴いて見事なプレゼンテーションを行ない、契約を得た。会社に戻ると上司から、先方から電話があって、素晴らしいプレゼンテーションを行なう社員を寄こしてくれたと感謝されたよ、と告げられた。

何週間もたたないうちに、彼は見込み客や顧客のところへ定期的に向かわされるようになり、またたく間に昇進した。彼が言うには、人生が一変したのは「上手に話ができるようになるぞ」と決心し、そのための行動を取ったからだという。

話し上手の効能

人前で話すのがうまくなれば、仕事のあらゆる面でプラスになる。しかし、上手に話すべを身につけたほうがいいもっと重要な理由がある。それは、心理学の説から、自信の程度や「どのくらい自分が好きか」によって、内面生活も外面生活もその質がほぼ決まるからだ。つまり、上手に説得力のある話し方ができれば、それだけ自分を好きになれる。自分が好きであればあるほど、楽観的になり、自信も持てる。人づき合いにも積極的になれるし、魅力的になれる。健康的にもなれ、楽しくもなれ、何ごとにも積極的になれる。

効果的な話し方が身につけば、自分のセルフイメージも高まる。あなたのセルフイメージは、あなたの「内なる鏡」だ。あなた自身をどう見、どう考えているかということだ。自分のセルフイメージがよければ、いっそう成果が上がる。最高の成績を上げている自分をイメージすることが、いっそういい成果を生み出すのだ。

私たちはみな、他人の思惑や気持ち、とりわけ尊敬の念があるかどうかを気にする。サマセット・モームも書いている。「私たちがなすことはすべて、他人の尊敬の念を得るためであって、少なくとも尊敬の念を失うためではない」。確かに、上手に話ができれば、みんなはいっそうあなたに好意を持ち、尊敬する。あなた自身、自分のことがもっと好きになり、誇らしくなる。ポジティブなフィードバックを得れば、セルフイメージは高まる。自分自身をいっそうポジティブに見、考えるようになる。自分の力をいっそう実感できるようになる。大きな自信を持って歩き、話し、行動できるようになるのだ。

優れた話し方は習得できる

何よりありがたいことに、優れた話し方は習得できるものだ。話の上手な人でもほとんどが、かつては少人数の唱和の音頭を取ることすらできなかったのだ。人前で話すことに自信があり上手な人でも多くは、人前で立ち上がって話すと思うと不安になるのだ。

まず、話し手として上位一〇パーセントに入ることを目指そう。そして、いま上位一〇パーセントに入っている人もほぼ全員が、初めは下位一〇パーセントにいたのだということをたえず思い起こそう。上手に話せる人もみな、かつてはひどかったのだ。ハーブ・エッカーも言っている。「達人もみな、かつてはダメ人間だったのだ」。「習うより慣れろ」という諺もある。

人前で話す技術をマスターする旅の途上では、大小とりまぜて多くの過ちを犯すだろう。弱気になり、自分はだめだと思うことも多いだろう。間違ったことを言ったり、言うべきことを言い忘れたりするだろう。口ごもったり、つっかえたり、いつまでたってもちゃんとできないのではないかと思ったりするだろう。

しかし、話すことに限らず、どんなことでも、上達するには自分の安全地帯から出て、安全でない場所に入らねばならない。もっと有能になりたいなら、自分を未熟でぶざまに感じる時期も通らねばならない。

有名なギリシャ人雄弁家、デモステネスも初めは気弱で、内気で、吃音《きつおん》と言語障害に苦しんでいた。だが、上手に話ができるようになろうと決心をした。そして、口の中に小石を入れ、海に向かって大声で話す練習を毎日、何時間もつづけた。やがて、吃音癖がなくなり、言語障害も克服した。彼の声はどんどん大きく、力強く、自信にあふれたものになった。こうして、史上有数の雄弁家になったのである。

優れた話し手になるための四つのD

優れた話し手になるには、四つのDがなければならない。

1. 願望（Desire）　第一に、上手に話したいという強い、燃えるような願望がなければならない。強い願望を持ち、マスターしたいと思いつづければ、目標達成を止めるものはない。しかし、願望だけでは十分でない。

2. 決心（Decision）　いますぐ、あらゆる努力をし、障害を乗り越え、優秀になるのに必要なことは何でもしよう、と決心しなければならない。

3. **訓練**（Discipline）　講演やプレゼンテーションのプランを立て、しっかり準備をし、実行するという訓練を、マスターするまで繰り返す。必須のスキルを伸ばすという厳しい作業に近道はない。

4. **決意**（Determination）　最後に、障害や困難をものともせず、がんばってやり抜くと決意しなければならない。

最大の敵はいつも、自分自身の疑問と不安である。しかし、自分で自分を制限しなければ、ほかに制限するものは何もない。

これまで私は四六カ国で、四千回を超すプレゼンテーションを行ない、五〇〇〇万人を超える人々に話をしてきた。本書では、私はあなたの手を取り、勇気と自信と能力を伸ばし、いかなる状況でも人を動かす話し方ができるようになる方法を、順を追って示していこう。

目次

〈人生を劇的に変える言葉の魔力〉ブライアン・トレーシーの話し方入門

第11章

エンディングは華々しく！ 181

第12章

説得力のあるセールス・プレゼンテーション 195

カバーデザイン／冨澤 崇
編集協力・DTP／リリーフ・システムズ

第1章

わかりやすく話す秘訣

The Arts of Speaking and Rhetoric

All his oratorical efforts were made for practical effect. He never spoke merely to be heard.

ABRAHAM LINCOLN,
in his eulogy on Henry Clay

彼が雄弁術を身につけようと努力したのは、実効を求めてのことだった。単に聞いてもらうためだけのスピーチはしなかった。

アブラハム・リンカーン
〜ヘンリー・クレイへの追悼演説から〜

歴史を通じて、人間が最も力を発揮してきたのは、他人を説得する能力である。だから、人前でスピーチする目的ないし目標は、「その言葉なくしては生じなかったであろう行動を起こさせる」ことだ。たとえば、デモステネスのスピーチを聞いて、人々は言った。「なんて素晴らしい演説家なんだ」。しかし、ペロポネソス戦争の将軍、アルキビアデスのスピーチにはこう言った。「いざ、進撃だ!」

あなたは、言葉によって人々をそれまでと違ったふうに考えさせ、感じさせ、行動させなければならない。何らかの行動を取らせるのだ。「進撃!」させるのだ。

幸い、あなたもスピーチや話し合いの達人になろうと思えばなれる。車の運転、キーボード操作、携帯電話の操作が習えばできるのであれば、感銘深いスピーチをして、自分と聴衆の人生を変えることもできるはずだ。

アリストテレスの「説得の三要素」

アリストテレスは、リーダーに不可欠のツールとしてレトリックの重要性に気づいた最初の大哲学者である。彼によると、説得に必須の要素は三つある。「ロゴス（論理）」と「エトス（倫理）」と「パトス（感情）」である。それぞれを見てみよう。

ロゴスは、あなたの主張における論理、言葉、論拠をいう。あなたの言うことが鎖の輪やジグソーパズルのようにすべてがぴったり合うことが、首尾一貫した発言ないし主張であるためには重要である。自分の話すことを熟慮し、プランを練る場合、全体から細部まで、発端から結論までの流れのさまざまな論点を、それぞれが前の論点につながるように組み立て、説得力のある主張にしなければならない。

エトスは、あなたの性格、倫理観、話をするときの信憑性をいう。スピーチの信頼度が高まれば、聴衆があなたの主張を認め、行動を起こす可能性が高まる。

パトスは、あなたの主張の感情的な部分であり、おそらく最も重要である。人々の共感を得、心底から感動させることができなければ、考え方を変え、特定の行動を取らせることはできない。

以上の三要素がないまぜになって初めて、人々を感動させ、あなたと同じ考え方をさせることができる。

メッセージの三要素

UCLAのアルバート・メラビアンは、何年か前、効果的なコミュニケーションの研究を行なった。結論は、口頭のメッセージには三つの要素があるということだった。「言葉」、「口調」、「ボディーランゲージ（しぐさ）」である。

言葉

意外なことに、メラビアンによれば、言葉はメッセージが伝えるものの七パーセントを占めるにすぎないという。もちろん、言葉はきわめて重要で、慎重に選ぶ必要がある。適切な順序で組み立て、文法的に正しくなければならない。とはいえ、言葉は立派だがメッセージはまるで伝わらないという、うんざりするような学術的なスピーチを、誰でも聞いたことがあるだろう。言葉だけでは十分でないのだ。

口調

メラビアンによれば、メッセージが伝えるものの三八パーセントは、「話し手の口調と言葉の強調」によるという。

「私はあなたをとても愛しています」という文章を読み上げてみてほしい。どの言葉を強調するかによって、あるいは、問いかけるような文章にすることで、意味がまったく変わってくることがわかるだろう。

男性なら誰でも、何でもないことで女性と言い争った経験があるはずだ。男性は言葉を道具として使う傾向があり、女性は理解したり関係を築くために使う傾向があるため、同じ言葉でも違った受け取り方をする。たとえば、彼女は彼が言ったことに腹を立てるか傷つくかもしれない。彼は言う。「でも、これこれしかじかと言っただけなのに」

彼女は怒って言い返す。「問題は言ったことじゃなくて、言い方なのよ」

つまり、口調を変えれば、そしてその重要性がわかっていれば、聴衆へのメッセージもその効果も変えることができるのだ。

ボディーランゲージ

メラビアンによれば、メッセージの優に五五パーセントが話し手のボディーランゲージによるという。これは目から脳への神経が、耳から脳への神経の二二倍もあるためだ。

そのため、視覚による効果はきわめて強力なのである。

自分のコミュニケーションのスタイルを知る

コミュニケーションに優れた人は、自分が伝えようとしているメッセージがどの程度受け入れられるか、ボディーランゲージがどう影響するか常に注意を払っている。

たとえば、あなたが腕を脇にたらし、手の平を外に向けて広げ、聴衆をまっすぐに見て、微笑みながら話せば、聞いているほうは緊張を解き、スポンジが水を吸うようにあなたのメッセージを吸収するだろう。もし深刻な顔で、笑みも見せず、腕組みをするか書見台を握るかしていれば、聴衆は親に叱られているときのように萎縮するだろう。黙りこくり、身構えて、あなたのメッセージも、あなたの考え方や提案も受け入れないだろう。ボディーランゲージはきわめて重要だ！

私は多くの聴衆に多くの講演を行なってきたことから、講演者から講演やセミナーについて意見を求められることが多い。しかし、人はほめられたりいいことを言われないとひどく気にするので、批判的なことは言いづらい。それでも、こんなちょっとしたアドバイスは何度も口にしている。「論点のところでは、ゆっくり話し、ちょっと間を取り、微笑みかけるといいでしょう」

驚くほど多くの人がこのアドバイスを聞いてくれて、すぐに聴衆の反応がよくなったと言ってくれる。ゆっくり話せば、言葉が明瞭になるし、理路整然と感じられる。口調も心地よく、好ましくなる。そして、微笑みかければ、温かさ、好意、歓迎の気持ちが伝わる。聴衆はくつろぎ、あなたのメッセージをいっそうよく聞き入れてくれる。このことは第8章でさらに詳しく検討する。

短いスピーチの構成

次に挙げるのは、簡単な三部からなる構成で、どんなスピーチにも使えるものだ。一分間スピーチにも三〇分の講演にも応用できる。

第一部

冒頭の部分である。これから何を話すかを告げる。たとえば、「お越しくださって、ありがとうございます。まず、数分いただいて、現在われわれの業界が直面している三つの問題と、数ヵ月でそれを好転させるにはどんな行動を取ればいいのかをお話ししたいと思います」

これによって、お膳立てができ、聴衆も心構えができ、スピーチの道筋ができる。

第二部

この部分では、冒頭で予告したことを話す。論点は一つから三つにする。短いスピーチでは、三つのカギとなる論点を順番に展開していくといい。たとえば、「われわれが直面している問題は、競争の激化と、利幅の縮小と、顧客の好みの変化です。それぞれを順番に見ていき、有効な対処法を考えてみましょう」

第三部

この部分は、話してきたことのまとめである。聴衆があなたの言ったことをすべて覚えていると思ってはならない。見直し、要約し、繰り返せば、聴衆の役に立つし、歓迎される。たとえば、次のように。

要約すれば、競争の激化に対処するには、われわれは製品の品質を向上させ、顧客への配送をスピードアップしなければなりません。市場の縮小に対処するには、新たな市場を開拓し、製品を増やして新たな顧客を引きつけなければならない。顧客の好みの変化に対しては、これまで顧客が求めていたものではなく、いま顧客が求めている製品をつくり出して売らなければならない。これら三つの目標に力を合わせて取り組めば、今後大いに繁栄することができるはずです。ありがとうございました。

話をする前にすべきこと

ロナルド・レーガンのスピーチライターだったペギー・ヌーナンは言っている。「すべてのスピーチに目的がある」

あなたが話をする前にすべき重要なことは、結末から考えることである。どのような結末にするか決めるのだ。私の言う「客観的な質問」を自分に問いかけよう。「講演のあと、『この講演から何を得ましたか、その結果、何を変えようと思いますか？』と人々に聞いた場合、どう答えてほしいだろうか？」。あなたの話のすべて、冒頭から本論、結びの言葉まで、この目標を達成するためのものでなければならない。

私はクライアントの企業と仕事をするとき、この「客観的な質問」をする。また、なぜ私にスピーチを頼んだのか、聴衆にどうしてほしいのかを聞く。それから、聴衆にどのように考え、感じ、行動してほしいかを話し合う。それが明確になると、それをもとに私は冒頭から結びまで、話を組み立てる。あなたもそうするといい。

長いスピーチの構成

長いスピーチでは、もっと複雑な構成になる。次のような八つの部分からなるが、それぞれについてはのちに詳しく説明する。

1. **冒頭**　冒頭の目的は、聴衆の注意を引き、期待を持たせ、話し手に注意を集中させることだ。誰も聞いていなかったり注意を払っていなかったら、話す意味がない。
2. **前置き**　ここでは、どんな話をするのか、なぜそれが重要なのかを話す。
3. **第一の論点**　ここでは、本論に移る。ここで、お膳立てがなされ、初めの約束に沿って話が始まる。
4. **次の論点への移行**　一つの論点を終え、次へ移ろうとしていることをはっきりさせねばならない。これはそれ自体が技術である。
5. **第二の論点**　論理的に第一の論点につづくものでなければならない。
6. **さらに次の論点への移行**　別の話題に進むことをはっきりさせる。
7. **第三の論点**　これは前の二つの論点から自然に出てくるもので、スピーチの結末へと進み始める。
8. **まとめ**　これは結論であり、聞き手に実行を呼びかける。

第2章で、それぞれについて詳しく見ていきたい。

感銘を与えるような話し方を身につけるには、練習、とりわけ声に出して練習するのが一番である。私は長年、プロ、アマ問わずたくさんのスピーチを聞いているが、事前に十分に練習を積んでいればわかるものだ。

話して、話して、話す!

人気作家、エルバート・ハバードは、どうすれば物書きになれるのかと聞かれ、こう答えている。「ものを書くことを身につける方法はただ一つ、書いて、書いて、書いて、書いて、書いて、書いて、書くことだ」

同様に、話し方の技術を身につける方法もただ一つ、話して、話して、話して、話して、話して、話して、話すことだ。考えを伝え、説得するすべをマスターするまで、ひたすら練習を繰り返すことが必要なのだ。

話すスキルを向上させるのに最もいい方法の一つに、詩歌の朗読がある。優れた筋と素晴らしい表現のある、好ましい詩歌を暗記し、繰り返し朗唱するといい。毎回、声にエネルギーと情熱を込める。リズム、口調、強調する言葉をいろいろに変えてみよう。大作映画の主役のオーディションを受けているつもりでやろう。受かれば富と名声が手に入るのだと思って。言い方いかんで聞き手と強い絆が結べるのだ、と考えて話そう。

優れた詩歌を読めば、文章のつくり方がわかるだけでなく、あなたの主張を説得力あるものにする、言葉の使い方もわかる。人はあなたの言ったことは忘れるだろうが、どんな言い方をしたかは忘れないだろう。言い方に強弱をつけることで、まるで音楽のように話すことができるようになり、聴衆は話に引き込まれるだろう。

もう一つの重要な練習は、シェークスピアを読むことだ。特に、『ハムレット』『マクベス』『ジュリアス・シーザー』の有名なモノローグがいい。こういう素晴らしいセリフを読むことで、言語を駆使する能力、レトリックの能力、説得力などを伸ばすことができる。

人から学ぶ

上手な話し方を身につけるのに何よりいいのは、できるだけ多くの人の話を聞くことだ。そして、どのように歩き、話し、動き、身ぶり手ぶりをするかを観察しよう。ベテラン講師はどのように話を始め、どのように本論に入り、どんな実例やユーモアを用いるか、どう話をまとめるか、どう締めくくるかを観察しよう。メモを取っておくと、なおいいだろう。

冒頭から締めくくりまで、観察するポイントをリストアップし、各ポイントを一〇段階の評価をするといい。どうすればもっとよくなるか、自分ならどうするかを考えよう。

最高レベルのスピーチを聞こう。多くはCDで聞くことができる。繰り返し聞いて、彼らがどのようにロゴス、エトス、パトスを働かせて、聴衆をそれまでと違ったふうに考え、感じ、行動させるのかをつかもう。

まとめ

コミュニケーションで素晴らしいのは、行なうことで下手になることはないということだ。話し方の技術をマスターするには、学習と練習を何ヵ月も、もしかしたら何年も、繰り返さねばならないと心得ることだ。近道はない。

凡人と達人を分けるものを忘れないことも大事である。時間をかけて考えを練り、言葉を組み立て、目標に向かって進もう。そして、実践しよう。あなたが暗記し朗唱する詩歌の新たな表現すべて、あなたが声に出して言うモノローグすべて、あなたが観察し批評する講演者すべてが、あなたの能力を伸ばし、優れた話し手にしてくれるのだ。限界はない。

第2章

成功は入念なプランと準備から

Planning and Preparation
Made Simple

The true worth of a man is to be measured
in the objects he pursues.
MARCUS AURELIUS

人間の真の価値は、何を目指すかによって判断される。

マルクス・アウレリウス

講演者としての成功の優に九〇パーセントは、どの程度しっかりしたプランが立てられるかで決まる。

アーネスト・ヘミングウェイは言っている。「一語書くには、それに代わる一〇語の言葉を知っていなければならない。さもなければ、読者は、これは本当のことではないと気づくだろう」。しかし、スピーチでは、話す言葉すべてについて一〇〇の言葉を読んだり調べたりしなければならない。さもなければ、聴衆は、あなたがあまり考えないで話しているのがわかるだろう。必要ないことまで調べて準備していなければ、深い知識を欠いているのだ、とすぐに気づかれるだろう。

準備もしないで、知性も眼力もある聴衆の前に立てば、信用を落とす。準備不足だったり、もっとまずいことにその分野の専門家ではないと告げたりすれば、聴衆は耳を貸さなくなる。メッセージがどんなに優れていてもだ。

一方、十分に準備していることもすぐにわかる。あなたの信用は高まる。聴衆は感銘を受け、あなたのメッセージに耳を傾け受け入れてくれる。

聴衆はどんな人かを知る

準備の出発点は、聴衆である。重要なのは聴衆であって、あなたではない。マーケットリサーチをするように、顧客を十分に理解しようという気持ちでやろう。聴衆はどんな人たちか？　これが効果的なスピーチと準備のカギである。ポイントとなる項目を見てみよう。

年齢層

聴衆の年齢はどのくらいか、年齢幅はどのくらいか？　年齢層によって、理解の仕方、文化知識、背景事情が異なる。年齢層を知ることは非常に重要だ。

性別

男女比はどうか？　私の講演では半々という場合もあるし、男性が九五パーセントの場合も、女性が九五パーセントの場合もある。男女比が大きいと、主張の組み立て方や重点の置き方が変わってくる。

収入

収入はどのくらいか？　平均年収はどのくらいか？　年収の幅はどうか、最高額はどのくらいで、最低額はどのくらいか？　特に、収入源は何か、収入を左右するのは何か？　それがわかれば、より多くの人に受け入れてもらえるような形で、お金や収入に関係する話題を持ち出すことができる。

学歴

学歴はどのくらいか？　高校を卒業しているか？　大卒か？　文科系を出ているか、工科系を出ているか？　どんな教育を受けてきたかで、どんな実例や語彙を選ぶかが変わってくる。

職業

何によって生計を立てているか？　どの分野でどのくらいの年月、働いているか？　その分野の現状はどうか？　好況か不況か？

家族

家族はどんな状況にあるか？　結婚しているか、未婚か、離婚しているか？　結婚している人が多いか、未婚が多いか？　子どものいる人が多いか？　これらは知っておくべきことである。

聴衆とテーマ

テーマについてどのくらい知っているか？　あなたが話そうとしていることについて、知っていることがどのくらいあるか？　初心者か、多少知識があるか？　それによって、スピーチをどの程度踏み込んだものにすればいいかが決まる。

どう考えるか？

次のような質問をして、聴衆が考えていることを調べよう。

・どんな目標や願望を持っているか？
・テーマについて、どんな希望や不安を持っているか？

・どんなことにあなたの意見や考えを求めているか?
・どんな価値観や信念を持っているか?
・政治的な方向性は?
・どんな信仰を持っているか?
・どんな悩み、心配事、問題を抱えているか?

人々の気持ちを理解することは、彼らと通じ合うのに非常に役立つ。事前に会議の企画者にこれらの質問をし、また、聴衆が特定の団体なら、彼らのホームページや出版物などに目を通すのもいいだろう。

共通の欲求

聴衆を結びつけているのはどんな夢や目標や考えなのかを理解することは大事だ。例を挙げよう。私は営業担当者、起業家、企業経営者、ネットワーク・マーケッターなど、多くの人々に講演を行なう。彼らに共通しているのは、金銭的な成功をおさめたいと思っていることだ。だから、私の話すことはすべて、アイデアをどう用いれば収入や収益性を高めることができるかということだ。みんな身を乗り出し、一言も逃すまいと耳を澄ませ、立ち上がって拍手喝采してくれることも多い。あなただって、そうなることができる。

彼らの生活に何が起きているか？

以前、全国の小売店や代理店で製品を販売している、大手企業から講演を頼まれたことがある。私が案内されて入っていくと、ちょうど役員たちが重要な発表を行なったところだった。それは、一ヵ月後に製品を顧客に直接販売するようになり、セールスピープルが提示しているのと同じ価格で売るというものだった。違うのは、通常ならセールスピープルに払われる販売手数料を、直接買った顧客に還元するという点だ。

予想通り、聞いていたセールスピープルはショックを受けた。彼らの生活と収入は、代理店網を通じて製品を売る手数料にかかっていたからだ。それが会社の方針転換で、代理店が会社から直接、同じ価格で買うことができる、つまり手数料を得ることができるようになるのだ。セールスピープルはイスの底を蹴とばした。

会社が私を招いたのは、セールスピープルがどうあろうと、たとえ主たる収入源が急に消え失せたとしても、勤勉に働くよう動機づけをするためだった。いまも聴衆を見たときのことを思い出す。彼らは呆然とし、信じられないというふうだった。私を見る目は、「会社が自分の財布に与えた打撃を和らげるために連れてきた敵だ」と言っているようだった。そのあたりはよくわかっていたので、準備だけはしていた。その会社と周辺で起きていることを調べておいただけの甲斐はあった。

事前に入手すべき情報

特定の業界やビジネス団体の人々に話をするときは、事前にその人々の仕事面でどんなことが起きているかを、できるだけ調べておかねばならない。彼らの市場は好況か不況か？彼らは成長しているか、停滞しているか、後退しているか？　ビジネスおよび政治上のどんな動きが影響を与えているか？　そのほか事前にチェックしておくべきことを挙げておこう。

彼らのビジネスに起きていることを考慮する

以前、ある大手多国籍企業の大勢の管理職たちに講演をしたことがある。その会社は管理職のレイオフを発表したところで、私はレイオフを免れた人たちに話をすることになっていた。ところが、個々の創造性とリーダーシップの有効性について話すはずが、その前に会社はさらに幹部社員のレイオフと、聴衆の多くも一ヵ月以内に解雇されることを発表した。聴衆はまるで反応がなく、熱意もなかった。次は自分かもしれないということしか考えられなかったのだ。これはいい状況ではない。だが、それを知ることは大事だ。調べておこう。

地域の状況を調べる

スピーチをする地域のことも調べておこう。たとえば、私はこの一、二日で地元チームの優勝が決まるという都市で講演をしたことが何回かある。そのことを知っていること、そして最初に一言それに触れることは大事だ。さもなければ、聴衆はそのスポーツイベントのことで頭がいっぱいで、あなたは自分たちのことを知らないか、わかっていない部外者だと思われるだろう。

ほかの講演も聞いているか注意する

もう一つ準備しておくことは、聴衆がほかの講演を聞いているか調べることだ。誰が、どんなテーマで話したか？　聴衆は講演やテーマにどんな反応を見せたか？　その講演が気に入ったか？　講演者に失望しなかったか？　もししたのなら、それはなぜか？　講演者が気に入ったのなら、それはなぜか？　その講演者はどんなことを言ったのか？

長めの講演会では、あなたの前に誰が話すのかを知っておくことが大事だ。その人たちはどんなテーマで話すのか？　前回の講演会で誰が話し、聴衆の反応はどうだったかも知っておくほうがいい。

聴衆の関心事に合わせる

最近、四千人に向けて講演をすることになった。私はかなり時間をかけて準備したが、主催者側の主立った人たちとの踏み込んだ話し合いをもとに、内容を組み立てた。おかげで、九〇分の講演に、この会社の主なテーマ、関心事、競争力を得るための課題、今後の方向性をすべて盛り込むことができた。

講演のあと、社長から脇へ呼ばれ、これまでで最高の講演だったと言われた。これまで何人もの講師を高額な料金で招いたが、彼らは聴衆に合った話をすると言いながら何の努力もしていなかった。会社の関心事を盛り込む手間をかけていないことは、話し始めるとすぐわかる、と社長は言った。そして、そういう人は二度と招かれなかった。

時計を見る

持ち時間と話の構成もはっきりつかんでおかねばならない。聴衆は四分の三の時間は講演に、残りは質疑応答にあててほしいと思っているかもしれない。講演会の企画者のほうでは、時間をすべて講演にあててほしいと思っているかもしれない。いずれの場合も、あなたが話そうと思っていたことを話して終えることが大事だ。

多くの講演、会議、会合は、時間を考えて注意深く組み立てられる。たとえば、私は五千人の会議で講演するよう頼まれたことがある。会議の企画者たちはひどく気難しく、私は講演内容を詳しく書き出し、さらに事前に幹部たちに講演をやって見せるよう言われた。意見やアドバイスをするというわけだ。彼らが一番気にしていたのは、私が一分もたがえず時間通りに講演を行なうということだった。

ところが、私の前の講師は二二分が割り当てられていたのに、二八分しゃべった。ステージの袖で私は番が来るのを待っていたが、企画者たちはストレスと不安と怒りで動転していた。話の内容は気にもしていなかった。もっぱら話が長引いて予定が狂ってしまうことだけが気がかりだったのだ。その講師は二度と招かれなかった。

効果的な準備の仕方

私が長年やっている効果的な準備の仕方がある。まず、白紙を一枚用意する。一番上に講演の表題を書く。次に講演の目的を簡潔に書く。それから、講演で使うかもしれないアイデア、識見、フレーズ、統計、実例、図解などを思いつく先からどんどん書きとめていく。書いて、書いて、書いて、書く。
メモが二枚にも三枚にもなることもある。これをもとに、特定の要素を選び出し、筋が通るように並べて、首尾一貫した講演になるようにする。講演にふさわしいと思う二〇から五〇の論点を何とかしてひねり出そうとすれば、驚くほど多くのアイデアが出てくるはずだ。
これらの論点すべてをまとめたら、赤ペンを持って見直し、大きな効果がありそうな論点を丸で囲む。それを順番に並べれば、講演が自然にでき上がる。

PREP方式

論点を選び出したら、「PREP方式」と私が呼ぶものを用いて組み立てるといい。

P：観点（Point of View）
まず、あなたの考え、アイデア、事実を述べる。
例 「今後の一〇年で過去一〇〇年よりも多くの人々が多くのお金を稼ぐでしょう」

R：理由（Reasons）
観点ないし考え（P）の論拠を述べる。
例 「ミリオネアやビリオネアのほとんどが一代で自力で成功した人々ですが、その数はここ五年で六〇パーセント増え、増加率に拍車がかかっています」

E：実例（Example）

あなたの視点を説明し、説得力のあるものにし、立証する。

例　「一九〇〇年には、アメリカのミリオネアは五千人おり、ビリオネアは一人もいませんでした。二〇〇〇年には、ミリオネアは五〇〇万人、ビリオネアは五〇〇人以上になっていました。二〇〇七年には、『ビジネスウィーク』によると、アメリカのミリオネアは八九〇万人に、世界のビリオネアは七〇〇人以上になっており、そのほとんどが一代で財をなした人たちです」

P：観点（Point of View）

最初の観点をもう一度述べて、あなたの考えを強調する。

例　「今日ほど、創造性豊かな少数派のあなたが金銭的成功をおさめるチャンスがあるときはありません」

ワイパー方式

スピーチを組み立てるのに、「ワイパー方式」を用いてもいい。ご存知のように、人には右脳と左脳がある。左脳は事実や情報によって活性化する。右脳は感情や逸話や実例によって活性化する。

この方式は実にシンプルだ。ある事実を述べ、つづいて逸話を話す。別の事実を述べ、つづいて実例を述べる。また別の事実を述べ、つづいて実例を話す。ある事実を述べ、つづいて数値を用いた説明をする。ワイパーのように行ったり来たりするのだ。

やり方は、紙を一枚用意し、中央に縦線を引く。左側には、述べたい事実や主張したいことを書く。右側には、その事実を立証したり示唆したりする実例や逸話や説明を書く。左の欄の各項目に対し、右の欄に実例や逸話を持ってくるのだ。

この方式を用いれば、聴衆の左脳と右脳を活性化することができる。聴衆は身を乗り出し、一心に耳を傾けるだろう。最後まで関心をそらさないだろう。

円の方式

スピーチを紙に書いて考えるときは、概念図を使うといい。私のやり方は、ページの中央に大きな円を五つ縦に書く。それぞれの円はスピーチの要素を表す。最初の円は、注意を引き、お膳立てをするための前置きと意見。二番目と三番目と四番目の円は、主張したい論点。五番目の円は、まとめと結びだ。

長めのスピーチの場合は、七つ円を書き、必要なら次のページも使う。いずれの場合も、最初と最後の円は冒頭と結びで、その間の円は順番に述べる論点だ。

冒頭と結びはよく考える

スピーチの導入部は念入りに練り上げることが大事だ。一語一句よく考え、頭の中で言ってみたり、声に出して言ってみたり、鏡の前で言ってみたりして、何度も練習する。冒頭の言葉は、お膳立てをし、期待を持たせ、明確なメッセージを聴衆に伝えることになる。なりゆきまかせではいけない。

結びも一語一句よく考えたほうがいい。スピーチのまとめとして何を言うかよく考えよう。もしも予定が変わってスピーチの時間が短くなったとしても、準備しておけば、少なくとも効果的に締めくくることはできるだろう。

視覚面のプランを立てる

スピーチのなかに視覚的な要素を取り入れれば、論点を明確にし、鮮明なイメージを喚起することができる。

「魔法の杖」手法

その要素の一つが、「魔法の杖」手法と私が呼ぶものだ。スピーチをするとき、私はポケットから金のペンを取り出し、何かペンを引き合いに出せるようなことを言う。たとえば、「この状況に対して、あなたが魔法の杖を振ることができて、あらゆる点で申し分のないものにできるとしたらどうでしょう。それはどんなものになるでしょうか?」

私は「魔法の杖」を振り、各自がそれを思い描くのを待つ。それから、現在の状況を改善するための戦略やテクニックを話し合う。

パワーポイント

プレゼンテーション用のソフト、パワーポイントを使うかどうかは条件による。講演業界では、「パワーポイントの弊害」も指摘されている。多くの講演者がパワーポイントに頼って講演をし、話がスクリーン上で進行するため、講演者の持ち味や話の本質が失われてしまうのだ。

もちろん、状況によっては理想的なこともあるが、パワーポイントを使う場合は、いくつかルールを設けるといい。

●5×5のルール

何よりもまず、一枚のスライドに五行以上入れないようにし、各行が五語以上（英語の場合）にならないようにする。これ以上だと、聴衆の気を散らし、いらだたせる。小さい部屋や少人数の場合は、これ以上でもいいだろう。

講演に多くの論点を盛り込む場合でも、必ず一度に一つずつ取り上げること。スライドに情報を詰め込みすぎてはいけない。聴衆は読むのにかまけて、あなたに注意がいかない。

少し前、ある多国籍企業で講演をしたが、私の前に社長が一時間スピーチをした。そのパワーポイントによるプレゼンテーションは、一枚のスライドにおびただしい量の説明を詰め込んであって、誰一人としてはっきりわかった人はいなかった。彼はスクリーンに向かってまる一時間、数字のことばかり話した。社長であるからみんなおとなしく座っていたが、誰もがひどく苦痛に感じていた。あなたはこんなことをしてはいけない。

●聴衆のほうに向く

第二に、パワーポイントを使うときは、聴衆に顔を向けること。自分の前にパソコンを置いて、背後のスクリーンに映し出されたものを説明する。パワーポイントによるプレゼンテーションを行ないつつも、視線は聴衆に向け、終始、聴衆に向かって話すようにしよう。

スクリーン上に出ていることを話していないときは、スクリーンを消そう。どんなプレゼンテーションでも、あなたの顔こそが最も重要な要素であり、スクリーンに言葉が示されているときでも、聴衆は、テニスの試合の観衆のように、スクリーンに目をやってもすぐにあなたのほうに戻すだろう。

●明るいところへ

パワーポイントを使うときは、あなたの顔によく照明が当たるようにしよう。私がいつも驚かされるのは、上級幹部がプロジェクターとスクリーンをできるだけ目立たせようと、自分を暗闇に置くことがいかに多いかということだ。上級幹部はプレゼンテーションのために遠距離を旅し、多大な時間を費やしていながら、暗闇に引っ込んで、聴衆に見て親しんでもらえなくしているのだ。

●パワーポイントは一つの道具

パワーポイントは一つの道具、一つの補助器具として使うことだ。スピーチの中心にしてはいけない。あなたが中心なのであって、パワーポイントは論点をより明確に示す手助けをするものにすぎない。

また、パワーポイントを使うときは、練習をしておこう。事前に三回から五回、リハーサルをする。本番と同じようにやってみて、パワーポイントとプロジェクターが連動して作動することも確認しておこう。

●予期せぬことを予期しよう

一から十までパワーポイントを使って話をしているのに、何かの具合でパワーポイントがうまく動かなくなったのを見たことがあるだろう。講師が立ち上がってやり直してみるのだが、どうにもならない。聴衆もステージに上がってきて、いじって直そうとする。それからホテルのどこかから技術者を呼ぶ。セミナーは完全に中断し、みんなステージの周りでおろおろするばかりだ。一通りやってみて、こういうことが起こらないようにしよう。

●あなたとメッセージから注意をそらさせない

いずれにしても、パワーポイントを使うときは、断固とした明確な主張で始めて、話のお膳立てをしよう。それから、パワーポイントを使って、重要な数字、論点、関係などを示す。パワーポイントを使う箇所が終わったら、スクリーンは空白にし、最後はあなた自身の顔と言葉で強く印象づけて締めくくろう。

スムーズな進行

誰でも経験することだが、スピーチには三種類ある。第一は、事前にプランを立てて行なうスピーチ。第二は、聴衆の前に立つまで何の準備もなく行なうスピーチ。第三は、あとで帰る道々、こうすればよかったと思うスピーチ。

一番いいのは、プランを立てたものと、実際に行なったものと、あとで振り返ったスピーチが同じものになったときだ。そういうときは深い喜びと満足感が得られる。

論点の転換はスムーズに

スピーチのプランを立てるときは、一つの論点が終わり次に移ろうとしていることが聞き手にわかるように、論点の変わり目を工夫したほうがいい。

原稿を何度も見直し、あなたのメッセージをより質の高い、スムーズに伝わるものにするにはどうしたらいいかを、たえず考えよう。

練習せよ――されば報われる

何年か前、私はある大事な講演を頼まれた。聴衆のなかには、好印象を持てば講演を依頼してくるかもしれない人たちもいた。そこで、大勢の聴衆に話す前に、スピーチの練習、準備、リハーサルに膨大な時間をかけ、結局、五〇回くらい見直しを行なった。

練習は報われた。スピーチはビデオとオーディオ・テープの両方に収録され、世界中に配布され、最終的にさまざまな言語で数万の人々が見るにいたった。数年後、これはその団体で三七年間になされた千を超えるスピーチのベスト一二に入ると評価された。準備は確実に報われたのだ。

スピーチに役立つ記憶術

優れたスピーチをするための準備として、ニーモニックを利用する方法がある。これは、特定のフレーズや一連の文字、数字をもとにして、頭の中で話すことを組み立てるやり方だ。

多くの記憶トレーナーが使っているこのニーモニックのことは、あなたもたぶん聞いたことがあるだろう。たとえば、ワン（一）をガン（銃）と韻を踏む語として使い、一番目の論点については、最初のメッセージが銃から飛び出すようすを想像する。

次にツー（二）をシュー（靴）の同韻語として使う。二番目の論点は、靴から出てくるとか、靴の下にあるとか、何か靴から連想できるものとして考える。

同様に、スリー（三）はツリー（木）の同韻語とし、三番目の論点が木の枝から垂れ下がっているようすを想像する。

いずれの場合も、数字とその同韻語のシンボルを想像することによって、話の一部をそれと関連づける。その結果、複数の論点をまごつくことなく、つづけて思い出すことができるわけだ。これは、原稿なしで話そうとする人がよく使う手法である。

一語を軸に話を組み立てる

私が気に入っている話のまとめ方は、たとえば、SUCCESS（成功）などスピーチ内容と関係があって、聞き手にとって重要な一語を軸にして組み立てることだ。これはほとんどどんな語でもうまくいく。SUCCESSを例に説明しよう。

最初の文字、Sは、「Sense of Purpose（目的意識）」を意味する。私は、そこで、行動を起こす前に明確で具体的な目標を持つことの重要性を説く。

二文字目のUは、「You are responsible（あなたは責任を負うべきだ）」を意味する。私は、あなたは自分の人生とキャリアに責任を持ち、どんな言い訳もしてはならない、と説明する。

三文字目のCは、「Customer satisfaction（顧客満足）」だ。理想

的な顧客を見きわめ、その顧客を獲得するために何ができるかを判断し、ライバル以上に満足させなければならない。

四文字目のCは、「Creativity（創造性）」。今日の市場で製品を宣伝、販売するための、もっと優れた、迅速で、安価な方法を見つけることの重要性を説く。

五文字目のEは、「Excellence（優秀さ）」。確実に優れた仕事をし、また、たえず向上に努めなければならない。

六文字目のSは、「Sensivity to others（他人への思いやり）」。他人を思いやり、あなたの言動がどんな影響を及ぼすかを考えなければならない。

そして、最後のSは、「Stick to it（やり遂げよ）」。決してあきらめず、あらゆる逆境、困難に直面しても、やり通すと決心すべきだ。

私はこの言葉を使って一時間から一時間半、原稿なしで話し、どこをしゃべっているのかわからなくなることもない。聴衆には好評で、話が進行するなかで、それぞれの文字がどういう意味になるのか楽しみに待っているようだ。

その語が三文字でも一〇文字でも、この手法は使える。考えを組み立て、原稿なしによどみなく話をして、聴衆に深く印象づけるには効果的な方法だ。

ポイントをインデックス・カードに書く

演台を使うなら、キーポイントをインデックス・カードに大きな字で書いておくといい。内容を一言一句書き出すのではなく、カギになる文、考え、語句を書き、話しながら、カードをめくっていく。

非常に優秀で、高い評価を受けている講演者が、大勢の聴衆の前でインデックス・カードを手にして話しているのを、私は何度も見ている。聴衆がそういうやり方をいやがることはめったにない。話し手がこうして考えを整理しているのを知っているのだ。これまでに相当の準備をしていることもわかっている。

まず、少人数の前でスピーチする

大勢のなじみのない聴衆に話す前に、もっと少人数の気のおけない集まりで、できるだけ何度もスピーチをしておくのもいい。つい先ごろ、私はある役員会議に出席したが、会議のあと大きな晩餐会が予定されていた。会議中、役員の一人が即興でスピーチを始めた。非常にうまくまとまっていて、二〇分間、テーマが次々に展開されるのを役員たちは聞き入っていた。終わったときには、彼の見解と発想に誰もが感銘を受けた。

その夜の晩餐会で、五〇〇人の列席者を前にして彼は立ち上がり、会議室のテーブルで披露したのとまったく同じスピーチを行なった。役員会議は彼の最後の予行演習であり、実は大勢のお偉方に向けた、非常に重要なスピーチだったのだ。

歩きながら、やってみる

多くの人が行なっている準備として、散歩に出かけ、道々、スピーチをやるというのがある。歩きながら、そういう身ぶりや表情をし、話を進める。ニーモニックを用いれば、原稿なしで、どんな箇所でも思い出せる。要所要所で声を張り上げ、大観衆に向かって大声で弁じているつもりになっている人もいる。歩きながら語るのは、スピーチの準備としてきわめて効果的な方法である。

必要な情報をインターネットで調べる

特定の業界団体に向けて講演するなら、その道のエキスパートとまではいかなくても、少なくともかなりの情報通に見えなければならない。それには、インターネットを利用し、その業界の情報をできる限り入手するといい。

特定の団体に向けた講演では、そういう「内部情報」を盛り込むと、事情通に聞こえる。

その業界の人のような印象を与える。聴衆は、自分たちがやっている仕事のこと、いま市場で直面している困難な課題を、話し手がよく知っているらしいことに深く感動する。

キーパーソンについて調べる

最後になるが、最良の準備方法の一つとして、講演を依頼してきた組織のキーパーソンの情報を入手するということがある。彼らの経歴をインターネットで調べよう。キーパーソンが企業で働いているなら、経歴が会社のホームページに載っていることが多い。また、講演を聞きにくるキーパーソンについての予備知識を、講演の企画者から得る手もある。

私は団体に講演をするときは、必ずキーパーソンたちの名前や経歴を頭に入れておき、話のなかにそれを盛り込む。たとえば、こんな具合だ。「おそらくみなさんは、ラルフ・ウィルソン氏が何度もこう主張するのを聞いているでしょう――いかなる逆境に直面しようと、あくまでも頑張り通さなければならない、と。これはウィルソン氏の信念であり、これがあってこそ、この組織は成功したのです」

自信を持って言えるが、私の言葉があとになって否定されたことは一度もない。当のキーパーソンがそんなポジティブな言葉を口にしていなくても、言ったことにすれば本人は例外なく喜び、満足し、あなたはちょっとしたヒーローになれる。

まとめ

人に感銘を与えるようなスピーチをする秘訣は何か、とよく聞かれる。私はいつも、まず準備だ、と答える。話し手としての成功の優劣に九〇パーセントは、どれほど適切に、徹底的に準備するかで決まる。話し始めて二、三分で、どれほど周到な準備がなされたかがわかり、それ次第であなたの評価が決まる。口を開いたとたんに、その道の大家のように見えるほどの準備をすることだ。

何よりいいのは、よく構想を練り、しっかり準備をすればするほど、演壇に立ったときいっそう自信がわいてくることだ。繰り返し練習しておけば、聴衆の前に立ったとき途方もなく大きな力がわき、冷静でいられるだろう。

第3章

自信と心のコントロール

人前で話す恐怖を取り除く

Self-Confidence and Mental Mastery

Eliminating the Fear of Public Speaking

Think positively and masterfully, with confidence and faith,
and life becomes more secure, more fraught with action,
richer in experience and achievement.

EDDIE RICKENBACKER

自信と信念を持って、ポジティブに、臆することなく考えよ。そうすれば、人生はいっそう安全で、活動的なものになり、より豊かな経験と成果が得られる。

エディー・リッケンバッカー

話すときは、自信を持って立とう。ポジティブな気持ちで、リラックスし、自分自身を素晴らしいと思うことだ。壇上にいて、ちょうど家族のクリスマスパーティーのときのように幸せに感じられるのが理想である。

一つ問題がある。どんな聞き手を前にしても、冷静で、明晰で、自信たっぷりでいられるにはどうすればいいのだろう？　本章では、それを学ぼう。

まず知っておきたいのは、人前であがるのは正常で自然なことで、何千回もステージに立っているプロでさえ気後れするのだということ。あるイギリスのベテラン俳優は、何千回となく舞台を踏んでいても、いまだにステージに上がる前には食べ物を吐くと言っている。

『ブック・オブ・リスト』によると、成人の五四パーセントが、死の恐怖より人前で話す恐怖のほうが大きいという。そう、ドキドキするのはごく当たり前のことなのだ。あなたがすべきことは、その不安感を追い払うことだ。

恐怖心は捨て去れる

幸いなことに、子どもはまったく恐怖心を持たずに生まれてくる。大人が持つ恐怖心は、子どものころの経験によるもので、ネガティブな要素が他人や自分自身によってさらに強められた結果である。人前で話す恐怖を含めて、恐怖心は後天的なものであって、意識的に捨て去ることができるのだ。

大人の恐怖心の主な原因は、子どものころに受けた容赦のない批評にある。親が何かにつけてあら探しをすると、そのうち子どもは失敗や拒絶を恐れるようになる。そして、拒絶や批判への恐怖から、後年、他人の意見にひどく敏感になる。

心理学者は、ほとんどの精神的、情緒的問題は、子どものころの「愛情不足」に起因するとも言っている。親が子どもの行動を思い通りにしようとして、愛情を与えたり与えなかったりするわけだ。その結果、子どもはこう考えるようになる。「パパやママの望み通りにしていれば、僕は安全だ。もしパパやママの気に入ることをやらないと、まずいことになる」

人前で立って話すと考えただけでパニックになる人は多い。五歳以前に植えつけられた、失敗や拒絶への恐怖のせいだ。だが、これを自信、落ち着き、やる気、自制心などに置き換えることは不可能ではない。

あなたは何を伝えたいのか

自信にあふれた講演は、まず人々に心から聞いてほしいと思うメッセージがなければならない。これがきわめて重要だ。

もっとスピーチがうまくなりたいと言う人に、私はまず尋ねる。「なぜですか?」人に伝えたいと思うほど強く感じているのは、どんなことなのか?

残念ながら、たいていは講演者として成功して、大金を稼いだり、世間から賞賛や喝采を浴びたりしたいのだ。自分が何を話すかについては、まったくと言っていいほど考えていない。私の経験では、こういう人たちはたいてい平凡な話し手にとどまる。だが、もしもあなたが痛切に感じ、他人にも伝えたいテーマがあるなら、それをうまく表現する方法は見つかるはずだ。

聴衆はあなたの味方だ

人前で話す恐怖や緊張感に打ち克つ第一歩は、演壇に立つとき、客席の全員があなたの成功を願ってくれていると思うことだ。これは映画を見にいくのに似ている。あなたはその映画が駄作で、時間の無駄になると思いながら見にいったことがあるだろうか? もちろん、ないはずだ。映画に行くときは、それが優れた映画で、その時間とお金に見合う価値があることを願い、期待している。スピーチをするときも同じだ。聴衆はあなたを応援している。

全員があなたの成功を望み、まるであなたの表彰式に列席しているかのようだ。みんなあなたに声援を送るために来ている。あなたの話がうまくいき、楽しいものになることを心から願い、期待している。

言い換えれば、立ち上がった時点で、あなたには「優」がつけられている。すでに最高点をもらっているのだ。あなたはその「優」を維持しさえすればいい。ご存知のように、宴会などの司会者は、場数を踏むうちに不安や恐怖を感じなくなる。慣れればやがて恐怖も震えも消える。自信をつけるのには、反復ほど役に立つものはない。

自信と力をつける方法

話すときの恐怖と不安を克服するために使えるテクニックがいくつかある。世界最高の話し手たちは、常にそういう手法を使っている。

言葉にして言い聞かせる

感情の優に九五パーセントは、自分に言い聞かせる言葉によって決まる。つまり、あなたの独り言が、あなたの考え、感情、行動を左右するのだ。

スピーチやその他の行事に対して心の準備をするのに、最も強力な言葉は、「私は私が好きだ！」である。

立ち上がって話をする前に、自分に何度も言い聞かそう。「私は私が好きだ！　私は私が好きだ！」。これは自尊心を高め、恐怖心をなくすのに素晴らしい効果がある。自分を好きになればなるほど、ますます自信が持て、ますますリラックスする。聴衆をますます好きになるし、より優れたスピーチができる。

何らかの理由で、緊張や恐怖を感じるときは、「私はできる！　私はできる！　私はできる！」と繰り返して、不安な気持ちを打ち消そう。「私はできない！」と思うから怖いのだ。「私はできる」と言うことで否定的な気持ちが打ち消され、恐怖を感じずにすむ。あなたも試してみれば、どんなに気が楽になり、自信を持って話せるかに驚くだろう。

ありありと思い描く

行動を変えるには、心に描くイメージを変えるといい。自分が印象的なスピーチをしているという、明確で前向きの、わくわくするような心的イメージを思い描けば、潜在意識がこれを指令として受け止め、それに合った言葉、気持ち、ジェスチャーをもたらしてくれる。

冷静で、自信にあふれ、リラックスして立ち、微笑みながら聴衆に話している自分の姿を思い描こう。聴衆が身を乗り出し、微笑み、笑い、楽しみ、まるであなたが素晴らしく知的で、面白い人であるかのように、あなたの言葉をひと言も聞きもらすまいとしているのを思い描こう。次に、視覚化のテクニックを二つ挙げておこう。

●内的および外的視覚化

外的視覚化では、自分が第三者の聴衆になったつもりで、ステージ上の自分自身を想像する。落ち着いて、自信にあふれ、背筋をまっすぐ伸ばし、完全にリラックスして立ち、弁舌さわやかに語っている自分自身を見る。聴衆の目を通して、話している自分の姿を見るわけだ。それに対し、内的視覚化では、自分の目を通して自分自身と聴衆を見る。聴衆が好意的に反応しているのを想像する。

こうして内側からと外側からを交互に繰り返し、自分自身をポジティブに見る。それで、最高の状態で講演している自分のイメージが潜在意識に焼きつけられる。潜在意識はそれに反応して、イメージに合った考えや気持ちを生じさせるのだ。

●あなたの心をプログラミングする

人前で話すときに、自信にあふれ、冷静であるためのもう一つの方法は、非常に優れたスピーチをしている自分の姿を、ことに寝入る前に、ありありと思い描くことだ。潜在意識がうまくプログラムを取り込むことができるのは、眠りに入るまでのうとうとしている数分間と、目覚めたときの数分間なのである。

この訓練を繰り返せば、実際に聴衆に話すとき、いっそう落ち着きと自信が持てるようになる。このメンタル・リハーサル手法はきわめて効果的だ。

成功した「気持ちになる」

人気講演者と同じような「気持ちになる」ことが、あなたにもできる。つまり、講演に先立って、幸せ、喜び、誇り、興奮、自信などの感情を生み出せるのだ。それには、いま自分が素晴らしい講演をしたばかりで、みんなが立ち上がり、微笑み、拍手喝采していると想像するといい。素晴らしい仕事をやり遂げ、最高の気分を味わっているところを想像するのだ。

著名な心理学者・哲学者のウィリアム・ジェームズは言っている。「ある気持ちになる最良の方法は、すでにその気持ちになっているように振る舞うことだ」。行動は感情より、はるかに強く意志の支配を受ける。すでにある気持ちを抱いているように振る舞えば、実際にその気持ちを誘い出す引き金になる。これはあらゆるパフォーマンスの成功のカギである。

感情に働きかけるテクニックとして、「映画の結末」方式というのがある。あなたは映画館に映画を見にいくとする。早く着きすぎて、見るはずの映画の前の回の上映がまだ終わっていなかったが、あなたは中に入り、映画の最後の一〇分を見る。そして、どのようにドラマが解決し、結局、万事がどんなふうにうまくいくかを知る。

映画が終わり、次の上映が始まるまでの数分をロビーで過ごす。そして再び中に入り、最初から見る。このときはもう結末を知っている。結末がわかっているので、ストーリーの展開にもリラックスしていられるし、一喜一憂せずにいろいろなシーンを楽しめる。

同じように、スピーチを行なうとき、「映画の結末」のテクニックを使うといい。あなたの話が終わり、みんなが微笑み、拍手喝采しているのを想像しよう。あなたは素晴らしい仕事をやり終えたのだ。そして、満足感と誇らしさにあふれ、興奮している。スピーチをする前に、すでに終わったところを想像するわけだ。

この手法は、一人で繰り返し練習できるし、その効果にきっとあなたは驚くだろう。

潜在意識に働きかけて現実化する

一つ重要な発見がある。実は、潜在意識は、現実の出来事と真に迫った想像との区別がつかないのだ。たとえば、実際にあなたがある成功を経験すると、あなたの潜在意識は一つの成功体験としてそれを記録する。一方、ある成功体験をありありと思い描き、感情に働きかけ、想像すると、たとえまだ経験していなくても、潜在意識に関する限り、それを実際に経験していることになるのだ。

だから、成功している自分の姿を繰り返し思い描けば、やがて潜在意識はあなたが話術に優れていると強く確信し、あなたは当然のごとく、正真正銘のプロ並みの落ち着きと明晰さ、自信を実感するようになるわけだ。

言葉に表し、ありありと思い描き、感情に働きかける、この三つを合わせれば、潜在意識に成功のプログラムを組み込むことになり、どんな聞き手を前にしてもうまく話す心構えができるだろう。

土壇場で自信をつける

心の準備の多くは、事前にしておくことができる。しかし、話す直前に神経を静め、スピーチをよりよいものにするためにできることも、いくつかある。

会場を点検する

いよいよスピーチをする日が来たら、早めに会場へ行って十分に点検しよう。ステージに上がり、演台を前にして立つ。あなたがスピーチしているところを聴衆の視点で見られるよう、部屋中を歩いてみる。

早く来た人たちと話をし、出身地や職業を聞こう。名前を尋ね、あなた自身も名乗る。さまざまな人たちと雑談すれば、それだけリラックスできる。自分が友だちのなかにいるように感じられる。

紹介がなされ、スピーチを始めたら、先ほど雑談した人たちを聴衆のなかに探し出し、昔なじみと会話を交わしているように、彼らをまっすぐ見つめ、微笑む。すると、緊張が解け、落ち着いて思うままに話ができる気がするだろう。

リラックスするための呼吸法

話す前に、何回か深呼吸するとリラックスできる。最高の深呼吸は、私が「七×七×七」方式と呼んでいるものだ。これは、ゆっくり七つ数えながら、できるだけ深く息を吸う。それから、ゆっくり七つ数える間息を止め、そして、七つ数えながらゆっくり息を吐く。

ゆっくり息を吸い、息を止め、息を吐く、この呼吸運動を七回繰り返す。深く息を吸い込み、そのまま息を止めると、一時的にゆったりと気分の落ち着いた状態になって、思考は明晰になり、神経はなだめられ、スピーチをする心構えができる。

気持ちを奮い立たせる

紹介される直前に、自分に言い聞かせよう。「これは素晴らしい話だ！　とてもいいスピーチになるだろう！」。そして繰り返し言う。「私が好きだ！　私が好きだ！　私が好きだ！」

これを、あなたが心から信じているのだと部屋の向こうにいる人にわからせようとするように、感情を込めて言うのだ。よりいっそう感情を込めて自分に語りかければ、あなたの潜在意識と行動にそれだけ大きなプラスの影響を及ぼすことになる。

つま先を小刻みに動かす

自信をつけ、恐怖を和らげるには、立ち上がって話をする前につま先を小刻みに動かすのもいい。嬉しくてわくわくしているとき、特に子どもは、つま先を小刻みに動かすものだ。話す前にそうすると、もっとポジティブな気持ちになり、やる気になる。自然に笑みが浮かび、幸せな気分になる。気持ちが行動をつくるように、行動が気持ちをつくるのである。

肩を回す

スピーチをする前、緊張はだいたい背中と肩に集中するので、何回か肩を回すとリラックスできる。水を振り払うような感じで手を振るのもいい。緊張と同時に重圧感も和らげるようだ。深呼吸し、肩を回し、手をぶらぶらさせ、つま先を動かす、こうすればリラックスし、幸せな気分になり、いつでも話せる気になるだろう。

まっすぐ立つ

立って話すときは、頭をまっすぐ上げよう。天井からあなたの頭の上に一本の糸が張られ、その糸にぶら下がっていると想像するといい。自然に背筋がぴんと伸び、身のこなし全体に自信と力強さがあふれてくる。

感謝する

聴衆に対してさらに自信を持つには、こうして話をする機会を得たことへの感謝の気持ちを表現するといい。自分にこう言い聞かせよう。「この人たちに話すチャンスを持てて、本当に感謝している。ありがとう！　ありがとう！　ありがとう！」。聴衆を心から大切に思っていると想像し、繰り返し自分に言う。「私はこの人たちが好きだ！　この人たちが好きだ！　この人たちが好きだ！」

プロ講師たちによく知られている言葉に、「演壇の特権」というのがある。演壇に立つときは、こういう人たちに自分の考えを語れるという素晴らしい特権を得ているのだと考えよう。こうして感謝すればするほど、ひと言ひと言に、ますますポジティブな気持ちになり、熱を込めることができる。

聴衆を純粋に好きになり、大切に思えば思うほど、いっそう自信が持てるようになる。彼らはあなたに好意を寄せる友だちであり、あなたもまた彼らに好意を抱いていると思うことで、いっそうリラックスできるのだ。

まとめ

心の健康は体の健康と同様、一連のエクササイズを繰り返し行なうことで得られる。冷静さを保ち、自分をコントロールするためのこれらの手法や技術を活用すれば、やがてあなたはいつも落ち着きを失わず、自信に満ち、自分を掌握していると感じるようになるだろう。

第4章

誰が聞いても印象的なスピーチの始め方

Start Strong with Any Audience

The beginning is the most important part of any work,
especially in the case of a young and tender thing;
for that is the time at which the character is being
formed and the desired impression is more readily taken.

PLATO

どんな仕事も、初めが大事だ。経験が浅かったり、デリケートな問題を扱ったりする場合は特にそうだ。相手に望ましい印象を与えるには、初対面が最大にして最後のチャンスだ。

プラトン

「第一印象が悪ければ、永遠にそれを変えることはできない」、「初めがよければ、半分は成し遂げたのも同然だ」といった、「最初」を重んじる諺を聞いたことがあるだろう。

スピーチの冒頭では、聴衆にいい第一印象を与えることだけに集中しよう。彼らの心を開き、あなたの言葉が浸透する土壌をつくるのだ。

紹介を受ける

誰かがあなたの紹介文を読む場合、それがあとにつづくスピーチの大切な土台となる。紹介の目的は、聞き手に期待感を持たせることだ。「早く講演を聞きたい!」という気持ちにさせることができれば成功だ。心して原稿づくりに取りかかろう。

まず、あなたのこれまでの経歴、業績を述べる。次にスピーチの表題が来る。最後にあなたの名前となる。紹介文の長短は、スピーチのテーマや長さによって変わる。

短くすませるなら、たとえばこういう具合だ。「今夜の講師は、これまで二二種類のビジネスを手がけ、八つの企業で百万ドル以上の売上を達成されました。本日は『真のチャレンジでビジネスを成功させるコツ』についてお話していただきます。ブライアン・トレーシーさんを、拍手でお迎えください!」

講師の経歴や業績がスピーチのテーマに直接関係がある場合は、その部分を詳しく述べよう。スピーチを待ちきれないほど、聴衆に期待や信頼を持たせるのだ。

スピーチを始める前に

スピーチを始める前にも注意することがたくさんある。ステージに上がるときは、次に挙げる五つのことを心がけよう。そうすれば、聞き手はあなたに好感を持ち、いい雰囲気でスピーチが始められる。

1 堂々と振る舞う

紹介されたら、自信を持って演壇に上がろう。場合によっては、紹介者と握手してもよい。紹介者を見送ってから、聴衆のほうを向く。

場が静まるのを待つ間、笑みを浮かべて部屋を見渡そう。この人たちの前で話すことができて、本当に幸せだと思おう。

あなたの落ち着きが伝われば、聴衆もすぐに壇上に集中して、スピーチを聞く準備が整うはずだ。みんなの注意が自分に向いたと感じたら、力強く、はきはきと、親しみやすく、興味をそそる話し方で、スピーチを始めよう。それによって、自然に話が展開していくだろう。

2　細部をおろそかにしない

あなたの服装や身だしなみは、すべてメッセージの一部であることを忘れてはいけない。第一印象は、最初の三〇秒で決まる。あなたの印象、服装、身だしなみ、姿勢はきわめて重要である。

聴衆はあなたの外見で、あなたが自分自身をどう思っているかを判断する。外見はあなたの自己イメージを示すものだ。また、聴衆をどう思っているかを示すものでもある。見た目はスピーチの足しにはならないが、スピーチの足を引っ張る可能性は大いにあるのだ。

庭仕事でもするような、カジュアルな服装で臨むのがしゃれていると勘違いをしている講演者も多い。しかし、これは「私は自分自身にも、あなた方にも敬意を払っていません」と言っているようなものだ。当然、スピーチの内容も説得力を欠くことになる。

私のクライアントたちはよく、南西部の美しいリゾート地で年次総会を開催する。「どなたもカントリークラブにふさわしい平服で」ということになっており、私もそれでさしつかえないと言われる。だが、私はそうしない。聞き手と同等かそれ以上の服装をすべきである。常にプロらしく見えなければならない。

3 期待感を高める

スピーチを始める前には、期待を持たせることだ。聴衆に今日の講演会に来てよかった、もっと話を聞きたいと思ってもらおう。

聴衆もスピーチの成功を願っているのを忘れてはいけない。最初からあなたの味方なのだ。最初の一言で、安心させてあげよう。

出だしから、聴衆に好感を持ってもらうことが重要である。好ましく思う人の言うことは、それだけすんなり受け入れるし、自分の考えと違っていてもそれほど抵抗なく聞くものだ。

4 聴衆をリードする

立って話し始めれば、あなたがその場の指導者だ。聴衆はあなたが主導権を持ち、自分たちを導いてほしいと思っている。あなたがその部屋の主で、全員が部下であるかのように振る舞おう。みんなあなたの指示を待っているのだ。

紹介を受けたら、演壇までまっすぐ歩き、姿勢を正し、笑みを浮かべ、自信に満ちた態度で、しっかりと目を見開き、顎を上げる。力強さと決断力を示すように、すきのない動作できびきびと動くこと。

話を始めたら、聴衆の一人に視線を合わせる。その人に親しみを込めて語りかけるように、スピーチを始めよう。そして、話しながらほかの人へと視線を移していく。直接目と目を合わせれば、焦らずに話せるし、相手との絆を深めることもできる。

5　正直に、謙虚に

人は、正直で謙虚な人間を好む。

正直とは、誠意を持って、分け隔てなく人と接することだ。聴衆から好意的な目を向けられれば、少々戸惑い、照れてしまうかもしれないが、親しみを込めて、微笑みながら全員を見渡そう。

謙虚であるためには、自分のほうが物知りだ、自分のほうが優れていると思わないことだ。冒頭の紹介でほめちぎられると、私はこんなふうに返す。「ありがとう。妻の書いた原稿を、そのまま読んでいただいたようで。でも、子どもを寝かしつけるのは、大の苦手なのですよ」

うまくスピーチを始めるテクニック

さあ、スポットライトが当たった。どうすれば話をうまく軌道に乗せることができるだろうか？　効果的に話を始めるにはどうすればいいかを、以下に挙げておこう。

主催者への謝辞

まずは、集まってくれた聴衆と、招待してくれた主催者に感謝の意を述べよう。あなたに白羽の矢を立てた人やその組織の重役は、名前を挙げて紹介するといい。本人たちはもちろん、聴衆も誇らしく、温かい気持ちになるだろう。

最初はポジティブな話題を

これから始まるスピーチが、役に立つ、楽しいものになると期待を持たせるのもいい。たとえば、こう言う。「今夜、ここで過ごす時間は、とても有意義なものになります。これからお話することは、きわめて重要な事実だからです」

聞き手に敬意を払う

聴衆に、最大限の誠意と敬意をもって礼を述べることから始めてもいい。しばらく会っていなかった旧友に向けるような、温かい微笑みも忘れずに。

この聴衆の前で話すことはとても名誉なことで、みなさんはこの業界の重要人物であり、きわめて重要な考えを話したいと思っているということを伝えよう。たとえば、こう言う。「今夜は、この業界の上位一割を占めるみなさんとご一緒できて、光栄です。どの分野でも、このような催しにわざわざ足を運ぶのは、真に選ばれた、優秀な方だけです」

聞き手の自覚を促すようなコメントをする

起業家やＩＴ関係者に向けたセミナーでは、私はこんなふうに話を始める。「お招きいただき、ありがとうございます。本日お集まりの方の多くは、自ら立ち上げた事業で巨万の富を築かれたと聞いております」

ここまで話したら、笑顔で聴衆を眺め、言葉が浸透するのを待つ。それから、こうつづける。「将来そうなる方もいらっしゃるかもしれませんね」

このコメントにはいつも、「その通り！」と力強い返事が返ってくる。みんなが笑顔で、自分の目標は起業して大金を稼ぐことだと認めたのだ。こうなれば、みんな全身全霊を傾けて、私の話を聞いてくれる。

有名人を話題にする

有名人の言葉や、話題の出版物を引用する手もある。たとえば、次のように。

今日のテーマは、「大金を稼ぐ人間と、そうでない人間がいるのはなぜか?」です。ノーベル賞経済学者のゲイリー・ベッカー博士の著述によれば、アメリカにおける収入の格差は、知識や能力の差が原因です。そこで、みなさんの業界で必要な知識と能力を身につけ、ライバルに一歩先んずるコツを、いまから伝授しようというわけです。

ほかに私がよく引用するのは、常に自分を磨くことの大切さを説く一節だ。「二一世紀には、知識と戦略が成功のカギとなります。バスケットボール・チームの監督パット・ライリーも言っています。『進歩していないのは、後退しているのと同じだ』と」

さっき交わしたばかりの会話を話題にする

出席者の一人と交わした会話を披露するのもいい。こういう具合だ。「先ほど、トム・ロビンソンとロビーで話したところですが、この業界に参入するにはいまが絶好の時期だ、ということで意見が一致しました」

刺激的なコメントで驚かせる

刺激的なコメントが効果的な場合もある。たとえば、「最近の調査では、今後この業界はかつてない急激な変化、過酷な競争に直面すると言われています。迅速な対応を怠れば、今日ご出席の方の七二パーセントが、二年後には業界を去ることになるでしょう」

最新の調査結果を引用する

最新の調査結果を持ち出すのもいい。たとえば、「『ビジネスウィーク』の最近の調査では、二〇〇七年に一〇〇万ドル以上の資産を持つアメリカ人は約九〇〇万人いました。その大半は自ら事業を行なっています。二〇一五年には、この人数が倍になると言われています」

ジョークもいい

ユーモアのセンスに自信があれば、ジョークを交えてもいい。しかし、事前に何回か身近な人を相手に試してみて、絶対に冗談だと通じるものだけにすること。ジョークの中身にも、自分の話術にも、相手との相性にも自信がある場合に限ったほうがいい。

聞き手を大爆笑させ、一瞬で心をつかんでしまうスピーチのプロがいるが、これは職人技だ。ジョークを使いこなすには、それだけの器が必要なのである。

以前は私も場をなごませようと、安易にジョークを用いていた。しかし、スピーチのテーマによっては逆効果の場合もあるということがわかった。聴衆はジョークで話が始まると、面白い話になると期待する。内容が深刻だったり考えさせられるものだったりすると、裏切られた気になるようだ。気をつけよう。

エンターテイナーになる

ビル・ゴーヴはアメリカ屈指の講師だが、紹介を受けると、人と話している途中で急に呼ばれたかのように、ステージに登場する。聞き手からすると、内輪の話に自分たちも加わったような気持ちになる。

ビルはステージの端まで行って、聴衆の何人かを手招きしてひそひそ声で語りかけることもある。「今日は、とっておきの話があります」。これから秘密を打ち明けてもらえそうだと、会場に連帯感が生まれる。

こうなると、全員が「とっておきの話」を聞こうと、身を乗り出す。そのうちふいに、必死になっている自分たちに気づいて、会場に自然と笑いが起きる。これでもう、みんなすっかりビルのとりこだ。

印象的なコメントのあと、質問をする

インパクトのある言葉で始めてから、質問に移ってもいい。答えを聞いたら、たたみかけ

て別の質問をする。聞き手はかたずをのんで、次の言葉を待つだろう。

「わが国では、総所得の八〇パーセントを、二〇パーセントの人間が稼いでいます。みなさんはこの二〇パーセントに入っていますか？　できれば、さらに上位一〇パーセントに入りたいと思いませんか？　これから、わが国で最も稼ぐ人間の仲間入りができる秘訣をお教えします。今日のセミナーの成果としては、十分ではないでしょうか？」

興味深いことだが、人は幼いころから、何か質問されると反射的に答える。本能的に自動的に答える。口には出さなくても、頭の中でそうする。「一、二年後に、年収を倍にしたいと思う方は？」という質問には、ほぼ全員が手を挙げるか喚声を上げるだろう。

質問されて考えているとき、聴衆はすでにあなたの手中にある。実際、話の流れも相手の気持ちも、思うままにできるのだ。人は質問されると、声に出して言わないまでも、答えずにはいられない。「みなさんの愛車の色は？」「お住まいはどちらですか？」といった平凡な質問をしてみれば、全員が頭の中に答えを思い浮かべているのがわかるはずだ。

物語ふうに語る

物語ふうに話を始める方法もある。「昔むかし……」は、聞き手を引きつける最強の文句である。

私たちの心には、幼いころ聞かされた物語の記憶がある。「昔むかし……」と始まると、聴衆は話が始まるのだと思い、キャンプファイアーを囲む子どものように静まりかえる。丸一日つづくセミナーでは、私は休憩時間後、このように言ってスピーチを再開する。「昔むかし、この町で生まれた一人の男性が……」

すると、みんなあわてて席に戻り、話に集中してくれる。

橋を架ける

話を始めるとききわめて重要なのは、聞き手との間に橋を架けることだ。聴衆との共通点を見つけ、それに触れよう。同じ業界で仕事をしているとか、ひいきの野球チームが同じなど、何でもいい。仕事やプライベートで抱える悩みが同じなら、なおいい。

共通点という橋が架かれば、聴衆はもうあなたの味方だ。あなたを「仲間」と見なし、あなたの言葉を好意的に受け止めてくれるだろう。失敗も大目に見てくれるし、あなたを物知りで、親しみやすいと感じるだろう。

自分のことを語る

経営、販売、起業などをテーマにしたセミナーでは、私はよくこういう話から始める。

「私は高等学校を出ていません。家庭が貧しかったからです。誰の援助も受けず、自分の力だけで今日の地位を築きました」

驚くほど多くの人が、講演が終わったあとで私を呼びとめ、自分も似たような経験をしてきたのだと打ち明ける。学歴も資金もなく社会に出たので、すぐに私に共感できたと言ってくれる。もし私が恵まれた境遇で育っていたら、そんなに私の話を受け入れ、私の言葉を真摯なものだと思ってはくれないだろう。聴衆との間に橋を架けることは、彼らを味方に引き入れるためにはとても有効だ。

まとめ

誰でも練習次第で、印象的なスピーチを始めることができる。紹介文の書き方や、ステージに上がるまでの振る舞いによっても、スピーチの成否が決まる。温かさ、親しみやすさ、インパクトのある言葉でスピーチを始めることができれば、三〇秒足らずで聴衆はあなたに「なついてしまう」だろう。

第 5 章

少人数の会議で成功するコツ

Mastering Meetings with Small Groups

The effective man always states at the outset of a meeting the specific purpose and contribution it is to achieve. He always, at the end of his meetings, goes back to the opening statement and relates the final conclusions to the original intent.

PETER DRUCKER

有能な人間は常に、会議の冒頭に、その会議で達成すべき目的や課題を述べる。そして、会議の終わりには、冒頭の言葉を振り返り、当初の目的に対する結論を述べる。

ピーター・ドラッカー

小規模の会議でうまく、説得力のある話ができれば、あなたの人生とキャリアに大いに役立つだろう。

職場では、あなたはたえず人から値踏みされている。意識するとしないとにかかわらず、まわりの人々は、人間性、実務能力、競争力、信頼度といった項目別に、あなたに点数をつけている。だから、会議もキャリアにとって重要な行事と考えねばならない。就業時間の優に半分を占めている会議だが、多くの人はその時間の半分は準備不足で無駄になっていると感じている。たとえ出席者が数人でも、行きあたりばったりの会議は開くべきではない。

ピーター・ドラッカーは、「会議は経営者にとって不可欠の道具である」と書いている。「経営者」とは、結果に対して責任を問われる者である。だから、あなたを含めたすべての管理職が事実上、「経営者」なのだ。

少人数の会議をおろそかにしない

一人や二人の前で発表や提案を行なう機会は、数え切れないほどあるだろう。しかし、こういう場合も大きな会議と同じく、綿密な準備が必要だ。あなたの出世を左右する一大事なのだから。

何年か前、ある大企業で、戦略立案の会議を主催したときのことだ。全国の支社、支部から役員が集められた。しかし、本社から参加した数名の役員は、明らかに戦略会議に対する熱心さに欠けていた。対照的に、遠い支社からやって来た二人の若い役員は、きちんと準備をして来ており、私の質問にも積極的に答えていた。

休憩時間に、私は議論の進み具合について社長の意見を聞いた。「とても役立つ発言をたくさんしている、二人の若者に気づいたかい?」という答えだった。あの二人の立派な仕事ぶりは、誰の目にも明らかだった。社長も感心していたのだ。

一ヵ月後、地方新聞の産業欄に、あの二人の役員が副社長に昇格したという記事が載った。一人のほうは、数年後には総資産一〇億ドルの会社の社長になった。若き役員として臨んだ会議での功績が、出席者全員の記憶に残り、彼の人生を大きく変えたのだ。

一方、黙って座っているだけで議論に貢献しなかった本社の重役たちも、何ヵ月もしないうちに「早期退職」で記事になった。彼らの人生もまた、あの会議で大きく変わったのだ。

念入りに準備しよう

会議の効率を上げるには、まずは準備を怠らないことだ。準備が十分かそうでないかは、聴衆にはすぐにわかる。

あなたが主催者側なら、綿密にプランを立てよう。進行表をつくる。出席者は厳選して、事前に役割を知らせておく。会議をあなたの仕事の中心に据えよう。実際、それだけの価値がある。

あなたが招かれる側であっても、準備は必要だ。会議の目的を調べ、自分に何ができるか考える。会議でただ黙って座っているだけの人も多い。しかし、それでは何の考えもないと思われる。誰だってそう思われたくはないはずだ。

座る場所も重要だ

会場には早めに行って、注意して席を選ぼう。あなたが主催者なら、入り口と反対側の壁際に席を取るといい。部屋中を見渡せるし、人の出入りも確認できる。私は重要な会議を開催する場合、あらかじめ座席表をつくることにしている。重要人物にふさわしい場所に座ってもらうためだ。

招かれた場合は、入り口が見える場所か、主催者のはす向かいか向かい側に座るといい。自信がないときは主催者の指示に従ってもいいが、壁際や会議の中心人物と目が合いやすい席など、希望があれば遠慮なく言って、席を変えてもらおう。結局のところ、会議に出席する目的は、発言して自分を印象づけることなのだから。

時間厳守

開始時間は守るべきだ。遅刻者がいても、始めてかまわない。出席者に感謝の意を伝え、会議の主旨を述べ、どのように進行するかを説明する。終わりの時間も知らせておこう。

会議の種類

ビジネス会議には四種類ある。

1. **問題解決のための会議**：問題について話し合い、解決策を決めるのが目的
2. **情報共有のための会議**：最新のデータや通達を知らせ、変更事項や指示を徹底させるのが目的
3. **新製品の発表の会議**：新しく開発される（または予定の）商品やサービスについて社内に広めるのが目的
4. **現状報告のための会議**：各自が自分の取り組んでいる仕事と、その進捗状況を報告する。組織に不可欠の連帯感を高めるのが目的

積極的に参加しよう

会議では、始まってから五分以内に一回は質問か発言をして、存在感を示そう。そうすれば、出席者全員から一目置かれ、会議の中心人物になれる。五分以上、何もしないでいたら、無視されるか軽んじられるだろう。

参加人数の多少にかかわらず、会議の最終目的はこれから何をすべきかを決めることである。各問題を議論するなかで、今後どんな行動を取るべきかを主張し、呼びかけよう。

進んで責任を引き受けよう

「積極的な参加者」となるには、先頭に立って動くことだ。どんな組織、どんなチームでも、二〇パーセントの人間が八〇パーセントの仕事をやっている。行動を呼びかけ、いつも進んで責任を負えば、誰からも尊敬され、重んじられるだろう。

問題を議論しているとき、「この問題では、どんな行動計画を立てるべきでしょう？　まず何をすべきでしょう？　そして、その次は？」と発言しよう。手を挙げて自ら働く意志を示そう。進んで動こうとすれば、それだけ幹部たちはあなたを買うようになるだろう。

前もって準備しよう

あらかじめ発表の機会を与えられている場合は、次の順序でスピーチを組み立てよう。最初に、自分の主張を述べる。それから、そう考えるにいたった理由、具体例による検証、最後にもう一度、主張を繰り返す。こうすれば、スピーチの内容もさることながら、しっかり準備してあったことが、主催者にも参加者にも深く印象づけられるだろう。

説得力を高める六つの秘訣

会議で成功するカギは、説得力のある話をすることだ。議論を先導し、自分の意見を結果に反映させるためには、欠かせないものだ。

人を説得するには、まず相手に好かれなければならない。「感じがよい」人の意見には、誰もが耳を傾け、進んで取り入れるものだ。説得力と影響力を高めるカギは、簡単なことだ。それは相手を大切にすることである。

会議の場でも、そのほかの場でも、人と接するときは、次の六つを実行するといい。相手は尊重されていると感じるだろうし、人を動かすためにはきわめて重要なことだ。

1. 相手を受け入れる　人から無条件に受け入れられたいと思うのは、人間のきわめて強い欲求である。人が部屋に入ってきたときも、発言したときも、その人の顔をまっすぐ見て微笑もう。相手はあなたに認められたと感じ、自己イメージが高まり、自信を持つ。そして、無意識にあなたを支持したいと思うようになる。

2. 感謝する　人の言動に感謝の念を示すと、その人は自分を誇らしく思い、相手を好ましく思うようになる。会議でも、人が言ったこと、したこと、何でもいいから感謝の言葉を言おう。

何かしらに感謝すれば、その人はまた同じようにしようと思い、いっそう役立つことすらしようと思うものだ。自分が認められ、尊重されたと感じるからだ。「ありがとう」は、あなたの好感度を上げ、相手を協力者にする魔法の言葉である。

3. ほめる　アブラハム・リンカーンも言っている。「誰でもほめられるのが好きだ」。人の言ったりしたりしたこと、持ち物など、何かしらをほめれば、その人は自分が認められたと感じて、あなたをより好きになるだろう。

常にほめるところを見つけよう。かばん、財布、ペンでもいい。服装やセンスでもいい。ちょっとした情報をもらったら、とても役に立ちそうだと言おう。言葉はなくても、微笑んだりうなずいたりして賞賛を示すだけでも、相手は重んじられたと感じ、いつかあなたを助けてくれるだろう。

4. 賛同する

「赤ん坊はそれを求めて泣き、大人はそのために命をかける」という言葉があるが、人は尊敬する人間から賛同してもらいたいと思うものだ。あなたが誰かに賛同すれば、それがどんなことでも、どんな理由であっても、相手は自信がつくし、自分のこともあなたのこともよく思うようになる。

人に賛意を示すカギは、すぐその場で、はっきりとほめることだ。たとえば、誰かが有意義なデータを発表したようなときは、すぐに、具体的な点を挙げてほめる。「よく調べていただいて、ありがたい。この数字は、非常に参考になります」

仕事や成果をほめれば、それだけいっそう相手はあなたに尽くそうと考え、あなたに好意を持ち、あなたの提案や考えを支持してくれるようになるだろう。

5. 気を配る

人は大切な人や物には気を配るものだ。「人生は気配りの訓練だ」という諺もある。気を配ることは、相手の価値を認めることだ。気配りのできる人は、他人の話を遮ったりせず、熱心に耳を傾ける。相手から目を反らさず、一語も聞きもらさない。微笑んだりうなずいたりして、話に大いに関心があることを示そう。

あなたが熱心に聞いてくれているのがわかると、相手は脳内にエンドルフィンが生じ、自分自身や自分の仕事に満足を覚える。そして、この幸福感は、あなたとセットで記憶される。

6. 一致点を見つける

どのような会議でも出席者の大筋で合意しなければ、合格点はもらえない。たとえ考え方に違いがあっても、一致点は見つけられるはずだ。

賛成できないような意見が出たときは、反対はしないで（反対されると、人は意固地になる）こんなふうにかわそう。「興味深い視点ですね。そんなことは考えもつきませんでした。私の考えとはちょっと相容れないところがありますが、後ほど詳しくお聞かせください」

どうしても反論の必要があれば、「第三者的反論」というか、つまり客観的な言い方をするといい。「私は反対です」ではなく、「それは興味深い考えですね。もしこれこれしかじかの反対意見が出たら、どう論破しますか？」という具合に。

自分ではなく、架空の人間の口を借りて反対意見を述べるのだ。これによって、出席者が敵、味方に分かれることなく議論を進めることができる。

批判や否定はしない

あなたが会議の議長を務める場合、その影響力は絶大だ。誰もがあなたの動向を見守る。

もし賛成や反対を明らかにしたりでもすれば、全体の流れを左右しかねない。

参加者の発言には、うなずいたり微笑んだりして励まそう。会議で発言するのは、ステージに立っているようなものだ。人の意見、特に目上の人からの意見はスポットライトにさらされるようなものだ。あなたの言葉が元気づけることもあれば、落ち込ませることもある。

誰かにちょっと眉をひそめたり、不機嫌な顔をしたりしただけでも、参加者は見逃さない。たちまち険悪なムードが広がる。個々の意見に好き嫌いがあっても、会議のリーダーという立場をわきまえ、参加者の自尊心を尊重しよう。

誰か参加者の言動が目に余るときは、その場では注意せず、後日会う機会を設けたほうがいい。「ほめるときは人前で、叱るときは内々に」が鉄則だ。

会話に壁をつくらないコツ

テーブル越しに人と話をすると、物理的な距離が、心も隔ててしまうことがある。離れて座る人間は、考え方も距離があるような気がしてしまうのだ。

こうならないためには、キーパーソンのはす向かいに座るといい。たとえば、向かい側の席から隣に移っただけで、壁がなくなり、相手といっそう親密なコミュニケーションが取れるようになる。目当ての人物と目が合う近い席に移りたいと、遠慮せずに申し出よう。

私も長年そうしてきたが、断られたことは一度もない。たいていは思いもよらない提案に、喜んで賛成してくれる。

まとめ

どの分野でも、プロであれば準備を怠らないものだ。たとえ相手が一人だけであっても、周到な準備をして臨んだ会議では、必要な自己アピールができ、望み通りの結果が得られる。

どんな場合でも、人を動かす話し方ができるのがプロだ。どんな会話でも主導権を握ろう。あなたの考え方を納得させ、、影響力を持つ者になろう。そのためには、どんな会議でもしっかり準備をし、相手を敬う手法を活用することだ。

第6章

少人数のプレゼンテーションや交渉

Mastering Small-Group Presentations and Negotiations

The greatest good you can do for another is not just to share your own riches but to reveal to him his own.

BENJAMIN DISRAELI

最大の善行は、あなたの豊かさを分かち合うだけでなく、相手の豊かさを見出すことだ。

ベンジャミン・ディズレーリ

話をしてポイントを稼ぐことができるのは、ほとんどが少人数の会議の場合である。前章で、会議の進め方、効果的な発言方法について学んだが、それに加えて、考え方、製品、方策などをうまく提示し、賛同を得て、参加者たちに今後の行動を促す能力も必要である。

企業幹部にとって会議は不可欠だが、当然、そこで行なわれるプレゼンテーションはさらに重要になる。多くの人が、決定権を持つ少数の人間の前で有益な提案を行ない、自分のキャリアと会社の将来を一変させている。あなたにもできるはずだ。

プレゼンテーションが将来を左右する

少人数のグループにプレゼンテーションを行なうときは、自分の出世がかかっているのだと考えよう。プレゼンテーションのもようが録画され、多くの人に見られたら、と考えよう。隠しカメラで全国に生中継されたら、と考えよう。つまり、真剣に取り組まねばならないということだ。本気で取り組めば、それだけ出席者も本気で応えてくれるだろう。

会議の規模にかかわらず、しっかり準備することが成功のカギである。優に九〇パーセントが決まると言っていい。知人のエリート弁護士が言ったことがある。「どんなに準備しても、準備しすぎるということはない」

まず、プレゼンテーションの目的をはっきりさせよう。「この会議がうまくいったら、どんな結果になるだろう?」と自問しよう。

プレゼンテーションがうまくいき、すべて予定通りにいったら、そのあとどんなことが起きるか、紙に書き出そう。目標が具体的に見えてくると、準備もはかどり、結果としてプレゼンテーションが成功する確率も上がる、といういい流れになる。

また、少人数のグループを説得して味方につけるには、交渉術を身につける必要がある。人はそれぞれ別々の考えを持っている。説得することで、それをあなたの考えに従わせるのだ。そのためには、みんなの考えを少しずつ、場合によっては一気に変えなければならない。

プレゼンテーションに備えるには、「弁護士方式」を使うのがいい。弁護士は自分の主張より先に、相手側の主張を考える。これを応用して、会議の参加者たちがあなたに対して持ち出しそうな反論をすべて書きとめよう。それぞれに対抗する具体的な言葉を思いついたら、それもメモしておくといい。

参加者をよく理解する

プレゼンテーションを行なうとき、まったく性格の異なる人たちを相手にしなければならないことがよくある。つまり、人は恐怖も欲求も、その強さもばらばらだということだ。だから、彼らが目指すものや、恐れていることがわかれば、それだけそれに応じた話をすることができる。

経営者の多くは、変化を恐れる。同時に彼らには、売上と利益を増大させたいという強い欲求もある。だから、いつも私はまず売上と利益を伸ばす具体的な提案をする。それから、損失の恐れを取り除くために、無料でそれを試してみて妥当な売上と利益が得られるかどうか確かめてみたらどうか、と持ちかける。

こういう提案はたいてい受け入れられる。試しもせずにいきなり大金を投じて失敗するというリスクは、彼らにはとうてい受け入れられない。

共通の恐怖を理解する

たいていの大人は、人に操られるのを嫌う。説得されて、興味のないことをさせられたり、不要なものや使えないものを買わされたりして痛い目にあうのを恐れる。

それは子どものころから、失敗するようなことには手を出すな、人にはだまされるな、といろいろな人から言われて育つからだ。だから、何かさせようとする人に出会うと、パブロフの犬のように、無意識に警戒してしまう。あなただって、貧乏くじを引かされたときは、

「もうだまされるものか」と心に誓ったはずだ。

何かのプレゼンテーションを行なうとき、相手はこういう恐怖のせいで、用心深く、疑い深くなっている。あなたはできる限りの話術を駆使して、抵抗や警戒心を解かねばならない。

そこで有効なのが、「ソクラテス方式」だ。何かを提案するとき、誰もが賛成するような事実から話し始める。次に、それをてこにして意見が分かれそうな問題へと移るのである。

大きな契約

私の場合もそうだが、大きな契約を交わすときは、六人から一〇人もの役員を相手にすることが多い。そういうとき私が使ってきて成功につぐ成功をおさめた戦略がある。

契約書や合意書は数十ページにも及ぶことがある。私は前もって、その一字一句にまで目を通し、自分にとって特に重要な項目と、相手側にとって重要と思われる項目を頭にとめる。

契約の場では、契約書を一文ずつ読み進めながら、お互いの言い分の溝を埋めていく。

契約書の条項の八〇パーセントは、双方が問題なく合意できる。項目ごとにお互いが納得したことを確認し、先へ進む。賛成できない部分があったら、双方の言い分の違いを明らかにした上で、「一通り見ていったあとで、改めて話し合いませんか？」と提案する。問題点は脇へ置いて、まずは最後まで読み通すことを優先しよう。

すべて読み終えたら、言い分が分かれた部分について、今度は徹底的に話し合う。しかし、結論が出ないまま感情的になってしまったら、その話題は再び保留する。

二度見終えた時点で、二〇パーセントあった相違点のうち、八〇パーセントほどは解決しているだろう。契約書全体のうち、合意できていないのは四パーセントということになる。

意見の一致するところが九六パーセントにまでなれば、誰もが明るく、前向きになるだろう。最後まで残っていた難題も、冷静に議論して解決できるはずだ。

「四の法則」

交渉には「四の法則」がある。どんな交渉でも、本当に議論を必要とするポイントは四点に絞られる、というものだ。この四点の軽重や優先順位は、あなたと交渉相手とで異なる。

たとえば、一方が「値段」、他方が「品質」や「配送の早さ」を最優先に考えたとしよう。高品質や確実な配送ができる範囲で値段が妥協できれば、交渉は成立する。値段だけを争点にしたら、いつまでたっても結論は出ないだろう。

プレゼンテーションを行なう前には、問題になりそうな四点を想定しよう。そのなかで自分は何を優先したいのか、どの程度までなら相手に譲歩できるか、目安を決めておこう。

プレゼンテーションも交渉も、基本は同じ

少人数に向けて行なうプレゼンテーションは、数日間に及ぶ、大金のかかった交渉ほどドラマチックではない。しかし、原則は同じだ。参加者たちの心を読み、合意をまとめるのに必要な四点を見つけ出す。あとは、自分の望む結論につながるように、スピーチの構成を考えればいい。

紙の上で考える

プレゼンテーションに向けて考えをまとめるときは、紙に書き出すといい。あなたの提案に対して出ると思われる反対意見、それを覆すための筋の通った答弁を準備しておこう。人から出された質問や反論は、丁重に扱い、真剣に考慮するという態度を示そう。相手の意見に理解を示した上で、あらかじめ練っておいた自説を展開する。あくまでも、いまこの場で思いついたようにすること。

常に冷静に、友好的に

あなたの意見に対してどんな異論、反論が出ても、友好的な態度で礼儀正しく受け止めよ

う。火に油を注いではならない。反対派に対して低姿勢で臨めば、相手にもあなたの意見を考慮しようという余裕が生まれる。「一さじの砂糖で、薬は楽に飲める」という諺もある。

少人数へのプレゼンテーションでは、ドラマチックな演説にならないよう注意しなければならない。必要なことを話し終えたら、簡単に締めくくり、ほかの参加者の質問や意見を必ず受けるようにしよう。

参加してもらう

出席者を巻き込んで議論を進めたほうが、その人たちがどう考え感じているかがいっそうよくわかり、最終的にあなたの提案に同意してくれる確率もいっそう高まる。

プレゼンテーションに取り入れたほうがいい集団心理がある。「グループのメンバーはみな、あるメンバーが受けた扱いを同じように自分も受けたように感じる」という心理である。ある参加者を優しく丁重に扱えば、ほかの人々も自分が大切にされたように感じる。逆に、誰かに対していらついたり、かんしゃくを起こしたりした場合も同じだ。気をつけよう。

序列をつける

少人数のプレゼンテーションでは全員を平等に扱わねばならないとはいえ、グループ内の序列には十分気を配る必要がある。たいていのグループに、中心となる人がおり、その人の発言や態度は、ほかのメンバーに大きな影響を与えるからだ。

最高位から下位へと、グループはいくつかの階層に分かれている。なかには、ほとんど影響力を持たない人たちもいる。

したがって、効果的なプレゼンテーションにするには、中心的存在を見つけ、その人に話しかけるつもりで、プレゼンテーションを行なうことだ。その中心的存在は無口な場合もあるし、さかんに発言する場合もあるだろう。

十人十色

最近、私はペルシャ湾岸諸国を訪ねたが、アラブ人たちの交渉術や戦略を調べてみた。わかったのは、どんな会議でもほとんど発言しないで座っているのが、一番の有力者だということだ。活発に発言や質問をするのは、あまり影響力のない、伝達係の仕事のようだ。これを知らなかったら、私は口数の多い人ばかりを気にかけていただろう。

欧米の会議では、一番の有力者が雄弁な場合も無口な場合もある。いずれにしても、大切なのは、早くその人を見つけて、その人を重視することだ。たまには別の有力者とも目を合わせる必要があるが、最後には必ず中心的存在に視線を戻し、話について来ているかどうか確認するのがいい。

会議は共同作業

多くの出席者が議論に参加するほど、多くの合意を得ることができる。たとえば、スタッフ・ミーティングでも、質問や発言を積極的に求めれば、それだけスタッフは喜んで決めたことに従ってくれるだろう。

発言も質問もしないなら、会議に出る意味がない。何の意見も言わない人は、会議で決定したことに協力する気も、責任を負う気もないということだ。

ゼネラルモーターズの創始者の一人、アルフレッド・スローンは、新製品や新戦略を練るため、たびたび取締役会を開いた。会議の最後、彼は、「これらのアイデアについて、何か意見や質問は？」と聞く。何の意見も質問もなければ、つまり全員が賛成であれば、彼は言う。「みなさんはことの重大さを理解していないようだ。全員賛成ということなら、後日改めて取締役会を開きます。それまでに、意見や反論を考えておいてください」

スローンだけでなく多くの経営者やプレゼンターが知っていることだが、全員が無言で賛成するというのは、全員がその議題について真剣に考えていないということなのだ。ことの本質を理解しないままに枝葉の政策を進めても、結果は惨憺たるものになるだろう。

有利な席を取る

小規模のプレゼンテーションでは、壁を背にした入り口の見える場所にあなたが座れるように、座席を配置しよう。こうすれば出入りする人の流れがスムーズになり、あなたからもよく見える。

U字形に席をつくり、Uのどちらかの端にあなたが座るのが理想的だ。これなら参加者同士も互いの表情がよく見える。

前後に人が重なって、互いの表情がよく見えないような配置の仕方もあるが、これでは意見交換があまりうまくいかない。微笑む、眉を上げる、肩をすくめるといったボディーランゲージも役立たない。誰からもあなたが、そして全員が見えるように席をつくろう。

私が戦略会議を開くときは、U字形のテーブルに沿って役員たちを座らせる。重要な議題のときは、テーブルの内側を移動しながら、一人ひとりに意見を求める。長年つづけている方法だが、非常に効果的だ。全員が平等に発言できるし、全員が発言者の顔を見ながら聞ける。一周するまでには、多くの議題について中身の濃い議論を戦わせることができる。

次の行動を決める

規模の大小にかかわらず、プレゼンテーションの最終目的は、今度どんな行動を起こすかを決めることだ。討議しながら常に、「この時点で何をすべきか？　この問題では、どんな行動を起こすべきか？　この提案が通ったら、次に何をすべきか？」と問おう。

いくつか必要な行動がはっきりしたら、それぞれについて責任者と期限を決めなければならない。一連の行動について合意にいたったのに、そのあと何もしないということが場合も多い。責任者や期限を具体的に決めなかったためである。

多少しつこかったり、押しつけがましくなったりしても、議長のあなたが、誰がいつまでに何をするかについて決議を取ろう。それがプレゼンテーションや会議の目的であり、そうできてこそ優れた企画ないしプレゼンテーションになる。

誤解を放っておかない

参加者から受けた質問や意見が要領を得なかったとき、あなたが取るべき行動は二つである。一つ目は、質問を自分の言葉で言い換えて、「ご質問の内容は、これでよろしいですか?」と確認することだ。

二つ目は、あなたによくわかるように言い直してもらうことだ。「ご質問の意図を明確にしていただけませんか?」というふうに。最悪なのは、質問の意味がわからないまま、または意味を誤解したままで、返事をしてしまうことだ。

まとめ

今日から、どんな会議にもしっかり準備して臨もうと決意しよう。そこで下された評価は、あなたのキャリアを左右するということを忘れてはいけない。

あなたが口を開いて、説得したり、賛成したり、反対したりするたびに、あなたの株は上がったり下がったりしているのだ。何一つおろそかにしてはいけない!

第7章

聴衆を魅了する「演壇の魔術師」

Platform Mastery: Impressing Large Audiences

Dream lofty dreams, and as you dream, so shall you become. Your Vision is the promise of what you shall one day be.

JAMES ALLEN

どんなに大きな夢も、あきらめなければ実現できる。いまあなたが思い描いているものは、将来のあなたの姿そのものだ。

ジェームズ・アレン

あるとき、会議の企画者が、あるプロ講師に電話して、近く開催される行事で講演してほしいと頼んだ。企画者が一番に聞いたのは「講演料はおいくらですか?」。講師は答えた。「スピーチの長さと、準備にかかる時間によります」

「では、三〇分の講演では?」「準備に六時間から八時間はかかるので、五千ドルです」

驚いた企画者は尋ねた。「もし半日か丸一日の研修だったら、いったいいくらになるのでしょう?」

「半日でしたら、準備に三、四時間で四千ドルです」「一日なら?」「三千ドルです」「準備はしないのですか?」「一日使わせていただけるなら、いますぐにでも始められます」

短いスピーチほど難しい

この話で私が言いたかったのは、スピーチの時間が短いほど準備や練習に時間がかかるということだ。一日使って話していいのなら、物語や実例をふんだんに盛り込んで、自分の考えを伝えることができる。しかし、わずか二〇分しかなければ、最低限必要なことを厳選して、スピーチをつくり上げねばならない。

私が初めて講演を行なったときの聴衆はわずか七人だったが、やがて二万五千人を集めるまでになった。会場の二千人とは別に、六〇〇カ所の八万三千人を衛星中継で結んで、同時に話を聞いてもらっていたこともある。講演やセミナーの時間は、二〇分から三、四日まで、さまざまだ。

一度きりの講演でも、何回か繰り返すものでも、きちんと内容を伝えたければ、しっかり準備をし、練習をしなければならない。聴衆の人数が増えれば、あなたのプロ講師としての責任も増大するのだ。大人数に向けてのスピーチと少人数のスピーチとは大きな違いがある。

スピーチに欠かせない七つの要素

テーマや相手にかかわらず、スピーチを組み立てるのに役立つ、とっておきの手順がある。この七つの手順のそれぞれで、スピーチを一〇点満点で採点するといい。一つでもポイントの低い項目があると、スピーチ全体の効果が著しく低下する。

1 前置きと冒頭

まず、あなたが口を開く前から、聴衆にいい印象を持たれていることが大事だ。スピーチを始めるずっと前から、その努力は始まっている。

事前の準備がそのカギである。まず、スピーチを一語残らず書き出す。第2章で述べたように、どんどん書きとめていくのだ。ページの一番上に、スピーチの表題を書く。つづいて、話をしたい論点をすべて書き出す。すぐに二、三枚のメモができるだろう。

そのメモを読み返し、最も言いたいことが際立つように、順番を入れ替える。ここまできたら、一度スピーチをして録音し、行間を十分に取った原稿にして打ち出す。録音を聞きながら手を入れ、音、構成、なめらかさなどに注意して、満足できるものになるまで録音と手直しを繰り返す。

好印象を与え、うまく話を始めるために必要なことはほかにもある。

●練習なくして名演説はない

リンカーン大統領のゲティスバーグの演説は、これまで英語で行なわれたスピーチの最高峰と言っていいだろう。リンカーンがゲティスバーグの墓地へ向かう汽車の中で、封筒の裏にこのスピーチを書いたのは有名な話だ。しかし、事実は少し違う。それまでに行なってきた演説のよくできた箇所を取り出し、推敲してつくり上げたのがゲティスバーグの演説なのである。

マーティン・ルーサー・キング牧師がワシントンD.C.で行なった「私には夢がある」で

始まる演説も、素晴らしいスピーチのお手本だ。しかし、キング牧師もその前には何度も練習を重ねており、それまでのスピーチの最高の部分からこの演説をつくり上げたのである。

●設備を確認する

出だしから聴衆の心をつかむための第二のポイントは、早めに会場に行くこと。できれば前日に行って、会場を見ておくといい。ステージ、音響、照明、客席（詳しくは第10章を参照）を、自分の目で確認しておこう。人まかせにしてはいけない。

少し前、私は成長著しい国際的企業で、役員と社員四千人に講演を行なった。会期は三日間で、ステージ、スクリーン、音響、照明、座席を整えるために、専門家チームが呼ばれていた。私は自分の出番より早く、二日目の昼休みに現地に到着した。これは正解だった。

私はいつも話をしながら重要事項を書き出し、それをＥＬＭＯというプロジェクターを使って聴衆に示す。プロジェクターを右側に置いてやれば、聴衆の顔を見て話しながらポイントを書き出すことができる。

しかし、その会場では、ＥＬＭＯはステージ後方の隅に置かれていた。この位置だとポイントを書いて示そうとするたびに後方へ行かなければならないと、できるだけ穏便に指摘したところ、作業員たちは肩をすくめただけだった。彼らにとっては、どうでもいいことなのだ。しかし、私はすぐにＥＬＭＯの置き場所を変えてもらった。結果、講演はうまくいった。

●聴衆と交流する

講演に先だって、会議の企画者、主催者、できれば聴衆の何人かとも話をするといい。自己紹介してから相手の名前を聞き、それ以外の予備知識も仕入れておこう。

聴衆はじかに講師と話をしたり、質問したりするのが好きなものだ。こうして聴衆の感じをつかんでおこう。何よりも、彼らにあなたを仲間だと感じてもらうことが大事だ。

●ほかの講演を聞く

あなたより先に講演する人がいれば、早めに行って聞いたほうがいい。聴衆はそのあとで、あなたの講演を聞くことになるのだから。

ときには昼休みの前、午前の最後の時間帯のスピーチを頼まれることがある。主催者からは、「一一時開始です。一〇時三〇分までに、会場へいらしてください」と言われる。しかし、私はその日の最初の講演者、たいていはその会社の重役がスピーチを始める前に、会場に入る。自分の番が来たら、自己紹介のあと、その重役が行なったスピーチに触れて、たとえばこのように言う。「先ほど、ロバート・ウィルソン社長は大変重要なことをお話になりました」

あなたも聴衆と同じように、深い興味を持って催しに参加していることが伝わる。

ほかの人のスピーチを聞いたほうがいいもう一つの理由は、同じ話の繰り返しや、相反する話をしないですむからである。

たとえば、シカゴで行なわれた、二千人の聴衆を集めた講演会でのこと。私の出番は午後一番だったが、朝の午前八時三〇分には、もう会場に出向いていた。最初の講師は、会議のテーマにふさわしい講演をし、笑い話で締めくくった。

二〇分の休憩のあと、二人目の講演が始まった。彼は出番の直前に会場入りしたようだった。彼の話もテーマに沿ったものだったが、最後に持ち出したエピソードが、なんと一人目の講師とまったく同じものだったのだ。笑いはほとんど起きず、会場には気まずい空気が広がった。だが、当の講演者にはなぜかわからなかった。

最悪なことに、三人目の講師も、スピーチの終わりに同じエピソードを披露した。客席は静まりかえった。彼が先ほど到着したばかりなのは誰の目にも明らかで、彼の印象はひどく悪いものになった。「私は早めに来るほど暇じゃない」というのが、彼が残した最大のメッセージとなってしまったのだ。

●**臨機応変に**

どんなに念入りに準備したスピーチでも、直前に手直しをせざるをえないことがある。別の人間が、あなたが準備したのと同じジョークやエピソードを使ってしまったら、差し替えないといけないからだ。

●**司会者に会う**

印象的な紹介をしてもらうには、事前に司会者に会っておくといい。紹介文を大きめの字で書き、一番上に「この通りに読んでください」と書いて渡しておこう。紹介がまずいと、その後のあなたのスピーチまでまずいという印象を与える。

意外なことだが、事前に紹介文を読む練習をしない司会者も多い。そういう人はたどたどしい言い方で、つっかえたり言い間違えたりする。聴衆を失望させないためにも、練習が不要なくらい読みやすい原稿を準備しよう。

●**さあ、本番！**

紹介を受けたら、深呼吸し、自信を持って堂々とステージに上がろう。会釈か握手して司会者に感謝を示す。それから笑顔で聴衆のほうを向き、話をする機会を得て心から喜んでいるように微笑む。

そして、聴衆が落ち着き、あなたに注意を集中するのを待つ。目分量で会場を前後左右の四エリアに分け、それぞれの中心に、目印となる人物を見つける。

みんなが共感できる希望、心配事、問題など、聴衆の興味を引く話題でスピーチを始める。たとえば、営業担当者を集めた講演では、私はこんなふうに口火を切る。

いいお知らせがあります。（間を置く）いま私たちは人間の歴史上、最もいい時代に生きています。（間を置く）これから先、これまでにないほど多くの人が、これまでにないほどの大金を稼ぐことになるでしょう。みなさんの働いている業界はそれが可能な業界ですし、私はそのお手伝いをするために来たのです。

これで、たちまち聴衆は興味と注意と好奇心をそそられる。精神的にも身体的にも身を乗り出して、成功の秘訣を聞こうとするだろう。

2　論点をわからせる

スピーチのテーマが何であっても、聴衆にあなたの考えを理解してもらうには、いくつか注意しなくてはならないことがある。

●たとえ話のあと、論点を繰り返す

論点を理解してもらうためにたとえ話を用いたときは、そのあともう一度、論点を述べよう。たとえば、私は前置きの話で聴衆の関心を引いたあと、よくアレクサンダー大王の話をする。アルベラの戦いで、勝ち目のなかった彼が、いかにして自軍を率いてダリウス軍を破り、当時知られていた世界の大部分を手に入れたかということを話す。

そのあと、リーダーに必要とされる資質、つまり先見性、勇気、誠意、決断力、先進性、責任感などについて述べる。スピーチを終えるころには、企業幹部もみなアレクサンダーになったような気持ちになり、競争の激しい市場で厳しい戦いに挑む覚悟を固めているだろう。

●両方の脳に働きかける

ノーベル賞を受賞した研究で、人間には左脳と右脳があることが確認されている。左脳は論理的、実用的、分析的、現実的で、非感情的だ。あらゆる情報を取り入れる働きをする。右脳は、絵画、感情、音楽、物語などによって活性化される。

決断を下すのは右脳である。できるだけ右脳に訴えかけるスピーチを行なわねばならない。

右脳に働きかければ、それだけ聴衆は熱心に話を聞き、共感してくれるだろう。「ワイパー方式」で両方の脳に働きかけることを思い出そう。

●直視して話す

実例や逸話を交えてスピーチするときは、前にも述べたように、会場を四分割したエリアのそれぞれに一人、目印となる人を設定するといい。笑みを浮かべ熱心に聞いてくれている人を選ぼう。一度に一人ずつその人に向けて、一文ずつ語りかけるように話す。四つのエリアの目印の人に順番に目をやりながら、スピーチを進めていこう。

目印にした人に向かって話をすれば、その後方に広がるV字型のエリアの人たちもみな、あなたから直接話しかけられているように感じる。どんなに後ろの席でも、無視されていないと思えるのだ。それどころか、自分だけに話してくれているように感じる。そうなれば、いっそう熱心に聞いてくれる。

●立って話す

大勢の人に向けて講演をするときは、「立って話す」ほうがいい。一から一・五メートル四方の正方形をイメージし、そこからはみ出さないように立つ。ステージ上で歩き回ったり、体を揺らしたりしてはいけない。絶えず動き回るのは落ち着きのない証拠だ。自分の癖を知って、直したほうがいい。腕は自然に両脇に下ろす。服を引っ張ったり、ポケットに手を突っ込んだりするのもよくない。力説したいところで自然に手が上がるのはいいが、そのあとはもとへ戻したほうがいい。

3　スムーズな移行

これはギアチェンジのようなものだ。一つの論点を話し終えたら、別の論点に移ることをはっきり示すようにしなければならない。そうしないと、聞き手は混乱してしまう。「次にお話したい論点は……」とか「では、先に進みましょう。次に申し上げたいのは……」というように言うといい。

論点をはっきりさせるために、一つの論点を話し終えたところで、簡単にまとめた結論を述べるといい。いったん終えた論点については、あとになって持ち出したりしないこと。聴衆を混乱させてしまう。

●即興で話す

話している途中で、ぴったりの実例やたとえ話、ジョークを思いつくことがある。これは自然なことであって、これを生かさない手はない。「これにぴったりの例が頭に浮かびました……」とか「昨夜、テレビで見たことですが……」というような前置きをして、スピーチに取り入れよう。

本筋からそれるときは、聴衆にはっきりわかるように、「ちょっと脱線しますが……」というように断ったほうがいい。その話が終わったら再びギアチェンジして、本筋に戻す。私はこんなふうに言う。「少しだけ補足説明しますと……」とか「ちょうど先週、こんなことがありました……」

おまけの話がどんなに面白くても、聴衆はあなたが話の本筋を忘れていないことを確認して安心したいと思うものだ。

●予定通りに進める

スピーチしていて自分で熱狂しすぎる講演者は多い。そういう人は意欲的で面白い。たいてい知的で、経験豊かで、いろいろなことをよく知っている。しかし、話は脱線してばかりだ。最初の導入部や要点の説明のあたりは順調でも、徐々に話題が飛んだり、前後したり、脇道にそれたりしがちで、途中で思いついた逸話やジョークが脈絡なしに出てくることもある。

確かに、愉快で好ましいことも多い。聴衆からも笑いや拍手が起こる。だが、結局、講演者が何を話し伝えたかったのかはわからずじまいになる。ディナーに招待されて、前菜しか出なかったときのように、聴衆には不満が残る。

4　一貫性を保つ

人間には、「世界は秩序立ったものだと思いたい」という欲求がある。論点から次の論点へとはっきりと移行すれば、一貫性を感じることができる。聴衆は安心し、心地よく感じる。そして、次はどんな話になるのだろうと興味を持って聞いてくれる。

第2章で、大きな円を縦に並べて書き、それぞれに話の論点を入れていくという方法を述べた。営業担当者に向けた講演では、私は「背骨と肋骨」方式を教える。これは、質問をしながら販売のプレゼンテーションを進めていくやり方だ。「背骨」とは、あなたが最も伝えたいこと。「肋骨」は、要点を際立たせたり根拠を示したりするために用いる、余談、逸話、実例、図解などのことだ。

構想を練って、睡蓮の葉から葉へカエルが飛び移るように、論点から論点へと無理なくつながるスピーチにすれば、話し手にとって覚えやすく、聞き手にとって楽しくわかりやすいものになる。

●一語残らず書き出す

カギとなる重要な部分は、書き出してみよう。そうすれば、あなたの言いたいことを最も効果的に伝えられるよう表現を工夫することができる。「やりたいことはすべてやれる」と言うのと、「自分からあきらめなければ、どんなことでもできる」と言うのでは、内容は同じでも、印象はまったく違う。

●三の力を利用する

スピーチの効果的な技法に、「三語話法」とでも言うべき方法がある。人間の脳は三つの言葉を使って表現されると、強烈な印象を受ける。

たとえば、リンカーンのゲティスバーグの演説では、「人民の、人民による、人民のための……」という表現が使われた。ジョン・F・ケネディの有名な就任演説には、こんな一節がある。「いかなる代償も払い、いかなる重荷も担い、いかなる困難にも立ち向かい……」

私も講演でよくこう言う。「みなさんには、どんな問題でも解決し、どんな障害でも乗り越え、どんな目標でも達成する能力があります」。時間をかけ、よく考えて選んだ言葉ほど、人々に訴えかける力が強い。

5 連帯感をつくり出す

聴衆があなたに好意を持てば、それだけあなたを受け入れてくれる。アーサー・ミラーの戯曲『セールスマンの死』の主人公ウィリー・ローマンも言っている。「何より大事なのは、好かれることだ」

聴衆にあなたのメッセージを受け入れてもらいたいなら、ステージに立ったとき、笑みを浮かべ、優しい気持ちで、愛想よく振る舞うことより効果的なものはない。あなたが楽しそうなら、それだけ聴衆も楽しくなるだろう。あなたに好意を持てば、それだけ心を開き、あなたの提案を聞き入れてくれるだろう。

聞き手を話に引き入れる強力な手段として、「質問する」というのがある。人は何か尋ねられると返答をする。難問であっても、謎かけであっても、形だけの質問であっても、尋ねられれば何とかして答えを探そうとする。そして、身を乗り出して正解を聞こうとする。

たとえば、ビジネスパーソン相手の講演では、私はこんな質問をする。「アメリカで最も給料が高く、最も重要な仕事は何でしょう?」

しばしの沈黙のあと、声が上がる。芸能人！　セールスマン！　プロの講師！　スポーツ選手！

ひとしきり答えが出たら、私は笑顔でこう言う。

最も給料が高く、最も重要な仕事は、考えることです。人間の活動のなかで、考えることが最も大きな収穫をもたらします。よく考えれば、それだけいい決断ができます。いい決断をすれば、それだけいい行動が取れる。いい行動が取れれば、それだけいい結果が出、それだけ生活と仕事の質が向上する。すべてが考えることから始まるのです。

つづいて、ビジネス界の最も優れた人たちの思考法について話す。その後も、業界のトップの人たちがさまざまな状況でどのように考えたかという話を交える。そうするとみんな熱心に聞いてくれる。

6 いいタイミングとペースを保つ

どんな講演会でも、聴衆と「白熱した対話」ができれば成功である。

マニュアル車を運転するときと同じように考えるといい。話のなかで、たえずギアを入れ替えるのだ。しゃべる速さを変えてもいいし、声の大きさを変えてもいい。穏やかな口調と情熱的な口調を使い分けてもいい。

リズムや速さを変えたり、間を置いたり、たたみかけたりして、めりはりのある話し方をすれば、聴衆を引きつける。聞き手を楽しませ、飽きさせない。スピーチのさまざまな要素が変化しつづけているからだ。このことは第8章で詳しく述べる。

大勢に向けて話すときは、長すぎないほうがいい。大規模な会議などでは、複数の講演が行なわれる。そのため、時間に余裕がない。最近、私の友人は、国際会議でスピーチするよう頼まれ、専門とするテーマで一二分話すために香港まで飛んだ。主催者はそれだけの時間しか彼に割り当てることができなかったのだ。

また、スピーチに盛り込める情報量は、与えられた時間による。私は三〇分の講演なら、論点は三つと決めている。一時間なら五つ、一時間半なら七つだ。あなたもこれを参考に、自分なりの基準をつくるといい。

7　まとめと結び

最後のまとめと結びは、聴衆の記憶に最も長く残る、最も重要な部分である。慎重に構想を練らなければならない。

スピーチの冒頭と結びは、寝起きに暗唱できるくらい頭に入れておくほうがいい。結びの言葉は、文章の終わりのピリオドのように、はっきりと締めくくるものにしよう。一番簡単なのは、キーポイントを一つずつ確認し、自然に結論につなげるというまとめ方だ。最後は、あなたが提供した知識をもとに実際に行動を起こしてほしいと、聴衆に呼びかけよう。

最も大事なのは、強烈な印象を与える終わり方をすることだ。前に述べた「三語話法」を用いて、締めくくったり呼びかけをしたりしてもいい。印象的な引用句や詩で終えるのもいい。その場にふさわしければ、あなたの主張を印象づけるようなジョークを用いてもいい。第11章で、効果的な終わり方をさらに詳しく述べよう。

●話し終えたら、聴衆に向き合う

スピーチを終えたら、笑みを浮かべて静かに聴衆に向き合おう。

まだ若いころ、私は最後の挨拶を述べると、早くステージを降りることばかり考えていた。間が持たず、手にした原稿をめくったり、重ね直したりしたこともある。聴衆は戸惑い、不快に思ったことだろう。講師が黙って立ち、笑顔を向ければ、客席の人々は講演が終わり、次は自分たちが今日学んだことを実践する番なのだとわかるだろう。

●待つ

何度も経験したことだが、静かにステージに立っていると、まず一人が拍手し、それから次々と拍手が起こる。まもなく会場にいる全員が拍手する。あなたのスピーチが抜群の出来なら、一人が立ち上がって拍手し始め、つづいて隣の人、後ろの人と立ち上がり、ついには全員のスタンディング・オベーションになるだろう。そそくさとステージを降りていたら味わえない感動である。

まとめ

大勢の人の前で話をするのは、とても難しくかつとても刺激的なことである。世界中で、日々、何千人もの講演者が大勢の人にスピーチを行なっている。これは学んで身につけることのできるスキルである。どのように話すかが、話そのものに劣らず重要だということを忘れてはいけない。しっかり準備し、練習を積み、人前で素晴らしいスピーチができるようになれば、あなたの業界で最も影響力を持つ人の一人になれるだろう。

第8章

パワフルな声の磨き方

Vocal Mastery: Powerful Voice Techniques

He is the best orator who . . . teaches and delights, and moves the minds of his hearers.

CICERO

彼は最高の雄弁家であり……教え、
楽しませ、聞き手の心を揺さぶる。

キケロ

話をするとき、声は最も重要なツールである。幸い、声の使い方は、楽器の演奏と同様、学んで身につけることができ、どんな会話やスピーチも、より力強く説得力あるものにすることができる。

歌手は一日何時間も発声練習をする。ときには何ヵ月も、何年も練習して、音質や響きをさらに磨く。あなたもそうするといい。力強い声は深みがあり、よく響き渡り、よく通る。エネルギーとパワーにあふれているのだ。あなたが話すテーマを熟知し、主張の重要性を確信して、力強く、自信を持って話せば、聞き手はあなたを信じ、あなたの考え方をも受け入れるだろう。

もっとゆっくり

もっとゆっくり話せば、あなたの声はもっと力強く重みのあるものになる。聞き手はあなたの話を理解し、よく考えることができる。あなたは自信に満ちて見え、言葉はさらに重みを持つ。影響力のある人はみな、ゆっくり話し、明瞭に発音し、自信を持って意見を述べる。大きな声で自信に満ちた話し方は、力強く、聞き手の心を揺さぶる。

一方、あまりに早口だと、声がきんきんと高くなりがちで、子どもっぽい印象を与える。

聴衆は言葉の重要性や価値を見くびり、言葉のインパクトも影響力も低下してしまう。

エネルギーが不可欠

優れたスピーチの最も重要な要素は、エネルギーである。スピーチとは、パワフルに、大勢に向けて、遠くまで投げかける「熱のこもった会話」だと言われる。

数年前、私はオーランドの新しいホテルで三千人に向けて講演を行なった。私の話は四日間の会議のメインをなすものだった。音響システムが新しかったので、念のためにマイクは二本用意された。

講演が始まって五分とたたないうちに、マイクが二つとも故障してしまった。しかし、会場はぎゅう詰めだし、スケジュールには余裕がなかった。そこで、マイクなしでしゃべることにして、会場中に聞こえるように、声を張り上げた。

何とか無事にやりおおせた。九〇分間、私は会場の最後列に向かって声を発しつづけた。終わったときには、すっかり疲れ切っていた。どのくらいの時間であれ、大声で話すにはとてつもないエネルギーがいるのだ。

幸い、講演は好評だった。講演の録音はダビングされ、何千人もに配られた。

みんなに聞こえるように

何人の聴衆に語りかけるにしても、目標は、ステージから一番遠い席の人々に声を届かせることだ。そこまで届けば、その間にいる全員の注意を引くことができるだろう。

どんな場合でも、音響システムはあなたの一番の味方だ。事前に入念にチェックしておこう。会場を歩き回って、どこか聞こえない場所はないかを確かめる。会場のどの位置にいても、ちゃんと聞こえるようにしておこう。

思い込みは禁物

先ごろ、私はフィラデルフィアで、およそ八〇〇人を対象に、一日のセミナーを開いた。以前にも同じ会場で講演したことがあった。音響システムはすでに確認ずみで、うまく機能しているようだった。

だが、いざ話し始めると、後方の席の人たちが手を大きく振って、よく聞こえないと言い出した。聴衆の半分がいらだって文句を言っているのに、落ち着き払い、自信を持って話しつづけるのは難しい。

実は、音響システムの担当者が、会場の後方のスピーカーのスイッチを入れていなかったのだ。ただ入れ忘れただけだった。そして、セミナーが始まったときには、音響係は別の場所に行っていた。これもよくあることだ。問題解決までに三〇分かかった。その間ずっと、私は叫ぶように話しつづけねばならなかった。

音響システムはきわめて重要

先だって、私はあるコンベンション・センターで、一五〇〇人にセミナーを行なうことになっていた。ここ数年間に何度かここで講演したことがあり、何の問題もなかった。しかし、このとき、センターのスタッフがセミナーの主催者に、セミナー会場としてこれまで利用していた宴会場ではなく、展示場を「売り込んだ」。

宴会場はじゅうたん敷きの床で、吸音効果のある天井だったが、展示場の床はつるつるのコンクリートで、天井は高く、飛行機の格納庫のようだった。

展示会用に設計されたこういう造りのせいで、音響はめちゃくちゃだった。音がみんな床と天井に当たって跳ね返り、もとの音にぶつかって、こだまや不明瞭な雑音を生み出した。最前列の人以外は、私が何を言っているのかわからないという状態で、大騒ぎになった。みんな立ち上がり、叫び出した。席を立ち、セミナーの主催者に文句を言いに押しかけた。まさに大混乱だった。

音響に欠陥あればスピーチはなし！

コンベンション・センターの人たちが呼び出され、会場に連れてこられた。コンベンション・センターのスタッフの常として、彼らは、何ら問題はない、自分たちにできることは何もないと言った。私たちはお手上げだった。会場にあふれる激怒した実業家を見ながら、途方に暮れた。みんなこのセミナーに出席するために一日を犠牲にし、その多くは遠方からはるばるやって来たのだ。

私は何をおいても聴衆に満足してもらわねばと思い、ある決断をした。コンベンション・センターのスタッフと大急ぎで協議し、じゅうたん敷きの部屋が二週間後には利用できるのを確認して、聴衆に、この日のセミナーの中止と、二週間後に再度、開催することを告げた。迷惑をかけた償いに、そのときは、このセミナーの参加料を支払った人一人につきもう一人ずつ、無料で参加できることにした。

参加者のなかには、かなり不満げな人もいたが、ありがたいことに、セールスピープルや企業家である彼らの大半は、柔軟に対応してくれた。彼らはどうにもならない状況であるのを認め、二週間後にもう一度来ることに同意し、実際に来てくれた。次のときは、別の部屋で、音響システムも事前に徹底的にチェックし、セミナーは滞りなく行なわれた。

音響システムの不備はつきもの

ホテルやコンベンション・センターが、安価で役に立たない音響システムを設置するのは珍しくない。ほとんどのホテルが、建設の終盤には予算オーバーとなる。そこで、建築費を削れる部分をしきりに探す。いつもその犠牲になるのが、音響システムと空調設備なのだ。粗末な音響システムはもとより、性能の悪い、粗悪なエアコンを設置しているホテルや会議施設は驚くほど多い。

私が仕事をともにする会合企画者やセミナー主催者のほとんどは、各自で手配して、スピーカーと音響システムを持ち込む。少々高くつくかもしれないが、聴衆の失望と怒りに備えた保険なのだ。

声を力強くする

人間の声は筋肉のようなものだ。訓練し、使うことで強くなる。弱々しい声の人もたいていは、訓練するうちに声が鍛えられて、力強く自信に満ちた話ができるようになる。

声を力強くする最良のテクニックに、詩歌の朗読がある。特に好きな詩歌を選び、暗記したら、車の運転や散歩をしながら暗唱しよう。大勢の前で、劇を上演しているつもりでやろう。言葉に感情と力強さを込め、強調し、エネルギーを注ごう。ゆっくりやること。言葉に強弱をつけて、詩歌の意味を変化させてみよう。それぞれの語がピアノの鍵盤だと想像しよう。強調する語句をいろいろに変えてみよう。

私の好きな詩人はロバート・W・サーヴィスだ。彼の詩は、頭韻、脚韻を見事に踏んでいる韻文と言えるだろう。簡単に覚えられ、記憶に残りやすい。いったん覚えてしまえば、その先ずっと自分一人でも人前でも暗唱できる。

詩句をステージで披露するつもりで暗唱していれば、聴衆の前に立ったとき、どんな語句もうまく言えるようになる。

声を力強くするもう一つの方法は、戯曲、特にシェークスピア作品のモノローグを朗読することだ。私は高校時代、シェークスピアの戯曲『ジュリアス・シーザー』のマーク・アントニーによるシーザーへの弔辞を暗記した。まだ覚えているし、いまでも訓練に、また、講演前のウォーミングアップに、これを暗唱している。

自分の声を録音して聞く

力強く語る能力を磨くには、詩や戯曲の一部を朗読して録音してみるといい。それを繰り返し再生し、発音、口調、ペースを改善する方法を探そう。

私の会社がプレゼンテーションの技術を教えるとき、参加者に、生活のなかで心地よく感じることを立って話してもらう。仕事のことを話す人もいれば、子どもの話をする人もいる。最近の体験談もある。その際、大きな声で、力強く、特に主張したい点は身ぶり手ぶりを交えて話すように言う。

その短いプレゼンテーションをビデオに撮り、再生すると、たいてい受講者たちはびっくりする。どんなに伝え方がまずいか気づいていなかったのだ。

スピーチは会話とは違う

誰もがよくやる失敗には、声が遠くまで届かない、早口で話そうとして、つっかえる、「間」を取りすぎるかまったく取らないでしゃべる、しきりに「えーと」と言う、あやふやで無駄な身ぶり手ぶりをする、などがある。

受講者たちは各自のテーマについて、もっと生き生きと、元気よく、情熱的に話すようにと言われ、そうしようとする。だが、ビデオに撮ってみると、活発にやっているつもりが、実際は照れくさそうな小さな動きにしか見えないことに、必ずと言っていいほど驚く。

うまくやるには誇張する

聴衆を前にして、声を広範囲に届けるには、できる限り大声で話すことだ。キーポイントの部分では、ほとんど叫ぶくらいにするといい。腕を大きく広げて見せるのもいい。だが、これをビデオで見ると、意外に動きが小さいのがわかるだろう。

私の妻、バーバラは、父親が深夜勤務で日中に睡眠を取るような家庭で育った。子どもたちはたえず、「静かにしなさい」と注意されていた。それで、家の中では、ひそひそ声で話し、忍び足で歩く癖がついた。

バーバラが人前で話すことを学び始めたとき、もっと大きな声を出すよう指導され、自分では「叫び声」に感じるほど声を張り上げた。しかし、画面に再生してみると、「叫び声」は、会話のトーンをほんのわずか上回る程度だった。バーバラはすっかり驚いてしまった。あなたも自分のプレゼンテーションのようすをビデオに撮れば、やはり驚くと思う。

見直し、改善しよう

話し手としてめきめき腕を上げるには、自分のプレゼンテーションをビデオに撮り、それを、率直な感想を言ってくれる人に見せるといい。三〇秒か一分ごとにビデオを止めながら進めていく。そして特に、強調するには声や体をどのようにすればよかったかを話し合う。ビデオを止め、もっといいと思うやり方で言ってみるのもいい。

絶妙な「間」をつかむ

最も効果的な話し方のテクニックは、たぶん「間の力」だろう。

音楽では、美しさは、音符と音符の間に存在する無音の部分にある。スピーチでも、劇的要素と力強さは、次の論点に移るときのわずかな沈黙にある。これは訓練で身につけられる技術だ。

多くの話し手は、聴衆の前に立つと緊張する。その結果、声は高く、早口になり、間合いを入れずにしゃべる。逆にリラックスしているときは、ゆっくりと、適度に「間」を置いて話し、声は低く、信頼できる感じになる。プレゼンテーションをいっそう効果的にするための「間」には四種類ある。

1．理解の「間」　聞き手が新しい情報を吸収し、あなたの話を理解できるよう、この理解の「間」を使い、一つの文や論点の終わりには、必ずひと呼吸入れるようにしよう。

聞き手が心理的にあまり負担を感じないで処理できるのは、せいぜい連続して三文までだ。それ以上になると、気が散り、興味を失う。思考が散漫になり、あなたの話に引き戻すには、何か注意を引くことをやらなければならない。

「間」を取るほど注意を引くものはない。あなたが沈黙すると、聞き手ははっとする。彼らは心理的につまずいて、あなたがつくった沈黙に転げ落ちる。そして、全神経を再びあなたに集中させる。こうして、「間」を取るたびに、聞き手の注目をあなたとその言葉に引き戻すことができる。

2. ドラマチックな「間」　特に強く印象づけたい箇所で、この「間」を使うといい。重要な論点を述べる直前に使ってもいいし、いま言ったことの重みを理解してもらうために、直後に使ってもいい。

3. 強調の「間」　キーポイントを強調するために使う。たとえば、セミナーの最中に、私はよく話を中断して、尋ねる。「このなかで、一番重要な人は誰でしょう?」。みんなが必死に答えを見つけようとしている間、じっと待つ。私は十分な「間」を置いてから、みんなを指してこう言う。「そうです! みなさんが最も重要な人です」それから、この言葉を十分理解してもらうために、数秒間、「間」を取ってから、話をつづける。「みなさんは、みなさんの世界で最も重要な人です。みなさんの人生で出会う、すべての人々にとって重要です。そして、自分をどれくらい重要だと感じているかが、みなさんの人生の質を大きく左右します」。そうして、自尊心と自負心の大切さを説き、また、自分自身をどう思うかによって、私生活と仕事面の両方で、人との関係の質が決まることを説明する。

4. 文章完成の「間」

これは主張を表明したり、誰でも知っている文句を引用したりするときに使える。あなたがある文句の前半を言うと、聴衆は興味をそそられ、あなたと一緒にその文を完成しようとする。こうして、人々はあなたにいっそう寄り添い、あなたの話をますます熱心に聞く。

たとえば、ビジネスの世界は競争が激化しており、生き残ろうとすれば、たえず自分の能力を磨いていかなければならないという話をするなら、このように言う。「状況がタフなとき、生き残れるのは……」ここで言葉を切り、聴衆から声が上がって、文が完成されるのを待つ。「……タフな人間です」

この手法を使うときは、必ず「間」を置いて、聴衆が声に出して文を完成させるのを待たなければならない。それから、同じ言葉をあなたも繰り返す。あなたは聴衆の注目を一身に浴びることになるだろう。

まとめ

声を楽器のように訓練して使いこなし、トーンとスピードに変化をつけ、「間」を取り、客席の最後列にまで声を届かせれば、どんな場合でも、効果的に話すことができる。

第9章

一流の話し手が駆使するテクニック

Tricks of the Trade: Techniques of Master Speakers

One of the greatest satisfactions that one can
ever have, comes from the knowledge that
he can do some one thing superlatively well.

HORTENSE ODLUM

人が得られる最大の満足の一つは、自分が何か一つのことをこの上なく上手にできると知ることによってもたらされる。

ホーテンス・オドラム

アメリカには、プロとして話をする講師が、専業、副業合わせて、一万人程度いるとされている。これらの講師の二〇パーセントが、講師全体に支払われる報酬の優に八〇パーセントを稼いでいる。つまり、この二千人の一流講師が、残り八〇パーセントが稼ぐ総額の四倍を稼いでいるわけだ。

この上位二〇パーセントのうちの、さらに上位二〇パーセント――プロの講師全体の上位四パーセント、およそ四〇〇人――が、一流講師に支払われる講演料と授業料の八〇パーセントを稼ぐ。

アメリカの平均的な専業の講師兼指導者の収入は、一日につき五〇〇ドルに満たないが、話すテーマはたいして変わらなくても、一流となれば、一回の講演で二万五千ドル、五万ドルと稼ぐことも珍しくない。一〇万ドル稼ぐ者さえいる。

報酬の低い人とけた外れに高い人とのこの違いは、主にどこにあるのか？　これは私が二五年以上にわたって研究し、取り組んできた問題である。

一流の講師と呼ばれる人々

まず、高い謝礼が支払われる講師のほとんどは、客を呼べる「看板講師」である。政治、スポーツ、実業界での業績で名をはせた有名人たちだ。ベストセラー作家も、少なくともしばらくの間は、報酬の高い看板講師になることが多い。

ほとんどの講師は会合の企画者や上級幹部に依頼されて、組織の集会やビジネス会議で講演することになる。会合を企画する人の目的は、大会や会議にできるだけ大勢の人を集めることだ。組織の年次総会は、通常、企画者にとって重要な収入源であり、その組織の年間の活動資金になる。講師の知名度が高いほど、多くの人が参加を申し込み、会費を払い、年次総会に出席する。

ノーマン・シュワルツコフ将軍は、一九九一年、対イラクの湾岸戦争で「砂漠の嵐」作戦を指揮し、成功させた。そして、退役するとすぐ、リーダーシップを語る超一流の講演者になった。アメリカ、カナダのほか、世界各国の企業や組織グループへの講演の依頼が一年に千件も舞い込むようになり、謝礼はずっと一回の講演につき一〇万ドルを超えた。

シュワルツコフ将軍は陸軍を退役して、公的な引退式を終えるとすぐその足で、民間人としての最初の講演会場に向かった。この昼食会のたった一回の講演で受け取った謝礼は、「砂漠の嵐」で三三万の兵を率いる司令官として半年間で稼いだ額より多かった。

一方、十分な報酬を得ているが、必ずしも有名ではない二番手の講師は、多くの会社や組織にとって、かなり重要なテーマで非常に感銘深い話をする人たちだ。それぞれの専門分野で成功し、その後、プロの講師に転じた業界通である。

彼らは熟練講師で、ビジネス、販売、経営、リーダーシップ、人的および専門的な能力開発などについて話す。彼らは聴衆を確実に楽しませ、その評判が広がって、繰り返し講演を頼まれる。

一流講師に備わる二つの特質

看板講師であってもなくても、一流の話し手には、重要な二つの特質がある。

1. みなぎるエネルギーとバイタリティー　彼らは聴衆と白熱した会話を交わす。温かく、気さくで、感じがいい。聴衆とともにいることを喜び、聴衆を友だちや仲間として扱い、自分の考えを伝えるのを楽しんでいる。

2. 優れた内容と語り口　講師の話は一種の「バラエティ番組」であり、人は新しい考えを聞き、学ぶことに興味があるので、優れた講師は優れた内容の話をする。力強く、受けのいい講演を行なわなければ、ずっとうまくはいかない。聴衆には、うなずき合い、講師の話は実に素晴らしかったと語り合いながら帰ってもらわねばならない。ぜひもう一度話を聞きたいと思ってもらわねばならない。

一流講師が優れている理由

たとえプロの講師になるつもりはなくても、なぜ彼らが際立っているのかを知れば、あなたが話し上手になるのに役に立つ。以下にそれを挙げよう。

会合の企画者を喜ばせる

講演業界では、何よりも口コミによって、再度講演を依頼するかどうかを決める。会合の企画者は、講演を依頼しようとするとき、その講師が集客力があり、聴衆を楽しませるという確信が持てなければならない。ギャラが高い場合はなおさらだ。

そのため、この業界では、講師の仕事は会合企画者の面目が立つようにすることだ、とよく言われる。企画者が優れた講師に依頼し、出席者が満足すれば、企画者の株は上がり、昇進したり、特別賞与をもらったりすることもある。その講師はたいていまた依頼されるし、ほかへも推薦される。

たとえば、私は「フォーチュン1000」に入る、ある会社の年次総会での講演を頼まれたことがある。社長秘書が私のファンで、私の講演内容がいい、と家でも噂していて、次の総会の基調講演者として私を推薦したのだ。社長は私の名を聞いたことがなく、重要な会合に知らない者を引っ張ってくるのは気が進まなかったが、秘書は社長を説得した。

講演はとてもうまくいき、私はスタンディング・オベーションを受けた。数週間後、秘書から届いた手紙には、ボスが私の話に満足し、おかげで自分は管理職に昇進し、四千ドル昇給したと書いてあった。

講師の評判は、よしあしにかかわらず、またたくまに広がる。だから、前回のスピーチに劣らずうまくやらなければならない。プロ講師に依頼しようとする人にとって、上司と聴衆が喜び、結果に満足するという確信がまず必要なのだ。

講師に直接会う

あなたが仕事や人づき合いのなかでうまく話ができるようになりたいだけであったとしても、一流のプロを手本にして学ぶといい。一流プロと同じように、機会あるごとに講演会やセミナーに出席し、メモを取ろう。セミナー前に講師が聴衆とどのように交流を図り、ステージでどのようにスピーチするか観察しよう。

どんな講演やセミナーに出席するにしても、できるだけ講師と直接会い、握手をするようにしよう。来てくれたお礼を言い、話を聞くのを楽しみにしていると言おう。こういう個人的な接触には何かしら得がたいものがあり、あなた自身がいっそう優れた話し手になるために役に立つ。

徹底的に準備する

看板講師とビジネス系のプロ講師には、最高レベルの収入と評価を得るために守るべき鉄則がいくつかある。まず、繰り返し述べているように、一流のプロ講師は徹底的に準備する。一時間の講演のために、読み、再調査し、まとめ直し、練習するのに一〇時間を費やすこともある。

一流の講師は、聴衆について、できるだけ多くのことを頭に入れておく。参加者の年齢、職業、経歴などを尋ねる。以前に話をしたことのある講師のことも尋ね、そのときの評判も聞く。聴衆の収入や職責についても調べる。

プロは、パンフレットや、そのほか会社から得られる情報を研究し、顧客のホームページをじっくり検討する。会社や組織が所属する業界についても研究して、その業界の主な出来事や動向を把握する。

目的をはっきりつかむ

プロ講師と同様、そもそもなぜ会合の企画者が自分に依頼したかをはっきり知る必要がある。もちろん、企画者の面目が立つよう努めなければならないが、そのためには「あなたに何をしてほしいと思っているか」がわからなければならない。

私は、前もって依頼者に質問をする。私の講演を聞いた聴衆が、どんなことを言い、どんな行動を取るのを望むのかを尋ねるのだ。このことで双方が納得したら、私はその目標を達成できるよう話を組み立てる。

つい先ごろ、大組織のトップである、会合の企画者が私に言った。「あなたの講演は、私が一八年間聞いてきたなかで最高のものでした。あなたは、私たちが電話で話し合ったことを、約束通り一つ残らず取り上げてくださいました」

彼女の話では、ほかの多くの講師は、その組織に合った話をすると約束しておきながら、実際にはそうしなかったという。講師の多くは、「新しい聴衆を獲得するのは、新しい話をつくるより簡単だ」と思っている。こういう人は、聞き手が誰であろうと、相変わらずの話を繰り返し焼き直してしゃべっているだけだ。だが、それでは講演業界で長く生き延びることはできない。

言葉を学ぶ

どの会社や組織にも、独自の歴史、文化、現在起こっていることなどを背景とする特有の言葉がある。優れた講師は、聴衆の会社や組織をいかにも熟知しているように話すので、聞き手はみな、講師自身が自分たちの会社や業界で働いている気がする。

話の構想を練り、組み立てる

プロ講師は、かなり前から話の構想を練り、組み立てる。原稿をたえず書いては書き直し、講演の途中にはさむ意見や論評の位置を繰り上げたり、繰り下げたりする。より楽しく効果的に考えを主張する方法を、常に模索している。

見直し、リハーサルする

彼らは、たとえ何度も話したことのある内容であっても、何度も見直し、やってみる。記憶や経験に頼ったりしない。パイロットが毎回、チェックリストのすべての点を確認するように、プロ講師は話す直前まで話のすべての部分を繰り返し見直す。

会場を点検する

一流のプロは、司令官が戦場の隅々までくまなく調べるように、早めに会場へ行って詳細を点検する。最も重要な三点、つまり音、照明、温度をチェックするのだ。たいていどこか変えたり、手直ししたりする必要がある。

ビデオカメラは、ただ一つの顔に焦点を合わせるようにできているという。講演会にやって来る聴衆も、理由はただ一つ、講師の顔を見るためだ。ほかのことはみな、本を読んだり、オーディオ・プログラムを聞いたりすればわかる。講演では、話し手の顔が焦点であり、注目の的である。

ところが、会場内のセッティングに困惑することがある。たとえば、話し手の位置が暗がりになるような感じに設えてあるホテルがある。ライトは三メートルから五メートルも離れた場所を明るく照らしている。社長が立ち上がって話をしても、その顔は聞いている人たちにはほとんど見えない。しかも、たいてい誰も気づきもしないし、気にもしないようだ。

聴衆と知り合いになる

プロは講演の前に、参加者に会って挨拶を交わし、相手のことを少しでも知ろうとする。

自己紹介し、参加者に職業を尋ね、雑談する。聞きに来た人たちは、講演者がみんなのなかに入って、親しく交わっているのを見て、講演者に好感を持ち、いっそう積極的で好意的な聴衆になる。ステージに向かうときには、すでに聴衆を味方にしている。

キーパーソンの名を頭に入れる

プロがやっているきわめて重要なことの一つは、キーパーソンの名前を頭に入れ、講演のなかにその名をはさむことだ。私は、キーパーソンが実際は言っていないのに言ったことにすることがある。たとえば、こんな具合だ。「こちらの会社の社長であるウィリアム・ヘンリー氏は、顧客に対するみなさんのあらゆる行為、納品するあらゆるものの質の重要性を、日ごろから力説しておられます」

いずれ、私はこの言葉を年報や社長からの手紙やメールで読んだり、社長が前置きの言葉として使うのを聞くことになるだろう。人は、ステージでいい意味で話題にされると、気をよくするものなのだ。

始め方と終え方を心得ている

プロは冒頭と結びの言葉を十分に練り、何度もやってみる。いかに始め、いかに終えればいいかがわかっているのだ。

自分の紹介の言葉も、紹介者とよく検討し、わかりやすいよう心がける。紹介のされ方は、話の調子に大きく影響する。なりゆきまかせにはできない。そのため、いい紹介文は興味と期待を抱かせるよう、念入りに書かれている。

聴衆を引きつける

一流の講師は、出だしから聴衆を引きつける。まず、ちょっと口をつぐんでいるか、注意を引くような言葉で講演を始める。私はよくステージに進み出ると、何秒か黙って立ち、それから心を込めて言う。「お越しいただき、ありがとうございます。私の話を心から楽しんでいただけることをお約束します」

この挨拶は、聴衆の無言の質問「これは、楽しい講演になるだろうか?」に対する答えであり、たちまち人々の気持ちを引きつける効果がある。彼らは微笑み、リラックスする。

一流のプロは、聴衆一人ひとりの気持ちをつかんで放さない。彼らは質問し、ちょっと「間」を置いてから答えを告げる。言いたいことを主張し、重要な考えを力説する。また、さまざまな逸話によってメッセージをうまく伝えようとする。

友だちのように接する

一流のプロは、友だちに対するように、聴衆に接する。みなさんに会えて嬉しい、自分の考えを話すことができるのが嬉しくてたまらない、というように微笑む。聴衆は、あなたが好意を持ち、積極的に向き合おうとしているかどうかをすぐに見て取る。そんな印象を与えるには、口を開く前から感じよく接し、温かい微笑を浮かべることだ。

あらゆる話術を駆使する

一流の講師は、最初に、これから話すことは間違いなく面白く、役に立つはずだと言う。そして、実際に人生を大きく好転させた人の例を持ち出すことも多い。長年、演劇や映画で磨き上げられてきた、レトリックなどの手法を駆使する。

たとえば、話に集中してもらうため、また、イスに身を落ち着けたり、キーポイントの意味をかみしめたりしてもらう時間を与えるために沈黙を利用する。話に区切りをつけ、重要な考えを強調するため、キーポイントの前後に「間」を取る。

また、たえず質問を浴びせる。人々は質問に答える癖がつき、講師が質問すると、たとえ頭の中だけであっても、それに答える。

セールスと弁論の世界では、質問をする者が支配権を握ると言われる。あなたが質問をすると、聴衆は答えを出そうとし、あなたに注目する。答えがいろいろある場合は、特にみんなの注意を引く。

絶妙な「間」で変化をつける

ただ話すだけでは相手を納得させることはできない。質問し、答えを言うなど、たえず変化をつけよう。キーポイントの前後には、ドラマチックな「間」や長めの沈黙を置く。文の真ん中でドラマチックな「間」を入れ、中心となる考えを十分納得させる。

一流のプロはタイミングの達人だ。「間」を取り、劇的要素を入れて、話をいくつかに分けて語り、ときどき別のことに脱線しては、またもとの話に戻っていく。ジョークも言う。一例を挙げよう。

多くの人は、自分が置かれている立場に責任を取ろうとしません。そこで思い出すのがオルとスヴェンの話です。

二人は、何年も前、古い貨物船に乗って、はるばるスウェーデンからやって来るところでした。途中、船は激しい嵐に遭遇しました。オルはスヴェンのもとに駆け寄って、言いました。「スヴェン、スヴェン、船が壊れて、沈んでいくぞ！」。そして、オルはこうつづけました。「まあ、いいか。こいつは俺たちの船じゃないんだから」
いいですか、この会社で起こることはすべて、あなた方の船なのです。

理解されるまで十分、待つ

プロは、ドラマチックで有意義な内容を盛り込んだ話をし、それを十分理解させる。プロは、主張したい点を人々にじっくり消化させる。人々に時間を与える。みんなの顔を観察し、その言葉が理解されるまで待つ。

同様に、ジョークを言うときは、タイミングをうまく計ることが肝心だ。聴衆が笑ったら、そのまま静まるまで待つ。静かになったら、また話をつづける。

聴衆は面白がらせてもらいたいと思っている。笑うのが楽しいのだ。聴衆がじっくり考える時間も、面白い話を聞いて笑う時間も、十分取ったほうがいい。

声と体を駆使する

プロは、やや大きめの声で話す。話の内容に自信を持っているからだ。また、腕を上げたり下ろしたり、うなずいたり、微笑んだりと身ぶり手ぶりが豊かで、活気に満ちている。

あなたも、たとえば強調したいところでは、腕を大きく広げたり、声を一段と張り上げよう。親密さを示したいときは、聴衆のほうに身を乗り出して、両手を合わせて話すといい。

基本的には、腕は下げておくこと。話しているときの自然な姿勢は、体の脇につけておくことだ。重要な考えを強調したいときは、両手の指先を軽く合わせてもいい。頭と顎を上げた姿勢で、自分の言葉に対する自信を示そう。

何よりもまず、聴衆に温かく微笑みかけよう。サンタクロースのように目をきらめかせて笑おう。楽しむのだ。わくわくしながらやろう。幸せな気分になろう。素晴らしいことをやっていて、一瞬一瞬が楽しいという気持ちで話そう。

まとめ

話術を身につけるには、ひたすら話し、話し、話すことに尽きる。しっかり準備し、訓練を積み、何度もリハーサルし、ここで挙げたプロの技術をもっと実践に取り入れれば、やがてあなたは聴衆を魅了する話し手になるだろう。

第10章

会場を管理する

Controlling Your Space

We cannot make it rain, but we can see to it
that the rain falls on prepared soil.
HENRI NOUWEN

雨を降らせることはできないが、雨降りに
備えて土壌を耕しておくことはできる。

ヘンリー・ヌーウェン

講演を成功させるために決定的に重要なのは、講演の会場である。会場を念入りに点検し、できる限りの準備をしなければならない。

講演の際、気をつけなければならないものが三つある。（1）音響、（2）照明、（3）温度――いつも問題が起きるのがこの三つだ。「うまくいかない可能性のあるものはうまくいかない」というあのマーフィーの法則を、あなたも聞いたことがあるだろう。この法則は、ホテルや会議施設で講演やセミナーをやる人たちが見つけたに違いない。

ホテルは嘘をつく

どんな類のものでも、人前で話をする催しを開く場合、会場のホテルは嘘をつくということを心得ておかねばならない。私は講演するようになったとき以来、何度も、講演のおよそ九〇パーセントで、それを経験している。ホテルは嘘をつく。

会議、セミナー、講演会の会場の設置をする人たちは、会合の企画者や講師を言いくるめるため、多種多様な嘘、事実の歪曲、虚実とりまぜた話をする。まるで、そういった話術を習得する専修科で学んだかのようだ。

防火法規

彼らの得意技の一つが「防火法規」だ。防火法規があるのでそれはできない、変えられない、というのが口癖である。本音は、部屋や設備を何も変えたくないのだ。「防火法規」は例外なく口実なのだが、不慣れな企画者はその言葉に圧倒され、おとなしく従ってしまう。

私はこう言われると、こう返す。「父が防火検査員なので、私も防火法規にはちょっと詳しいんです。部屋の設定をこうしてはならない、と法規のどこに書いてあるのか教えていただきたい」。これには、相手もうろたえる。あわてて口実を引っ込め、協力的になる。これまで何百という施設で、経験したことだ。

「コンピュータ制御です」

彼らのお得意の口実には、こういうのもある。「この照明はコンピュータ制御です。エンジニアが来るまで、どうすることもできません」

なぜかエンジニアは決して施設内にいない。あるいは、すぐには都合がつかない。会議中か、休暇中か、ほかの緊急事態に対処しているかなのだ。

嘘への対処法

会場づくりの成功のカギは、施設のスタッフに、友好的で、礼儀正しく、愛想よく接すると同時に、やんわりと、だが粘り強く主張を通すことである。初めから相手を怒らせてはいけない。あなたを助けてくれるのは、彼らだけだ。とはいえ、いい結果にするためにできることがいくつかある。

必要なら脅す？

ある日、私はフロリダのタンパでセミナーを行なっていた。室温は二七度近かった。みんな汗をかき、セミナーの資料を扇子代わりにしながら、憂うつで、不快そうだった。席を立って、出口でお金の返却を求める人も出始めた。

私は主催者に、ホテルに電話して室温を下げてもらうようにと頼んだ。主催者は何度も電話をしたが無駄だった。ホテル側はお決まりの口実を言うばかりだ。「いま、エンジニアが対処しております。コンピュータ制御ですので。ただいま、できる限りの手を尽くしているところです」

ついに休憩時間になり、私は事務局に電話し、二分以内に温度が下がらずエアコンも入らないなら、セミナーは中止し、会場費の支払いは拒否し、収入の損失については損害賠償で訴える、と告げた。結果は目を見張るものだった。まさにその場で、エアコンが動き出したのだ。二時間も懇願しつづけ、考えられる限りの口実を聞かされたのち、金を払わないと脅したとたん、エアコンはうなり始め、そのままセミナーが終わるまで動きつづけた。

照明の点検

照明は、セミナーのプレゼンテーションで非常に重要である。聴衆の注目は、ときどきあなたの小道具に向けられる以外は、すべてあなたの顔に集中するようにしよう。聴衆の七〇パーセントは「視覚優先」であることを忘れてはいけない。目に見えるときに限り、情報を処理できる。残りの三〇パーセントは「聴覚優先」だ。はっきり聞こえるときにだけ、情報を処理する。この双方の要望に応え、どちらをも満足させなければならない。

プレゼンテーションのために会場に行くと、照明の具合が悪い場合が五〇パーセント程度ある。事前に照明をしっかり点検できるように、常に時間に十分余裕を持って行かなければならない。いったんしゃべり出したら、照明の具合が悪くても、あとから変えるのはまず不可能だ。

照明の設置場所

舞台やテレビ番組の制作では、照明設置のためだけに一日か二日かける。照明装置を配置し、ステージや俳優に影ができないように、あちこち移動させてみる。一人ひとりの登場人物が、どの観客からもはっきり見えるようにするのだ。それが理想である。

話し手の顔に影ができないよう、常に両側から十分な光が当たるようにしなければならない。ライトを正面からではなく、上から当てる会場が少なくないが、これでは顔の下半分が影になる。聴衆の受けはよくない。

「オペラ座の怪人」

あるホテルで講演を行なったときのこと、追加の照明を頼んだところ、スポットライトが一つしかないと言われた（やはり、ホテルは嘘をつく）。ホテルのスタッフがそれを会場に持ち込み、聴衆の後ろの、片方の側に取りつけた。スポットライトは私の顔の片側だけを照らし、プレゼンテーションの間じゅう、私はまるで「オペラ座の怪人」のようだった。

聴衆の反応は素早く、しかも芳しくなかった。それどころか、憤慨した。話を批判し、金を返せと言った。中途で退席もした。どうも顔半分の照明のせいで、私は悪意ある陰険な人物に見え、聴衆は拒否反応を起こしたのだ。私たちは、ライト一つだけという過ちは二度と犯さなかった。

顔が肝心である

セミナーで照明の準備をするとき、私は「顔のニキビが後方の席からでも見えるようにしてほしい」と技術者に頼む。そして、ステージの照明は手術室と同じくらい明るくすべきだ、と力説する。彼らはたいていうなずき、わかったというふりをするが、何をバカなこと言っているんだ、とひそかに思っている。だから、あなたはしつこく言い張らなければならない。

スタッフは、講師を鮮明に照らすことより、スクリーンの映りのよさを考えてステージと演台を準備する。そして、言う。「ライトを全部つけると、スクリーンがぼやけてしまいますよ」。これには用心することだ。何しろ、彼らの口癖なのだ。あなたは、スクリーンがどう見えようとかまわない、と言おう。重要なのは、顔に当たる照明である。

早めに会場に行く

数年前、私はカリフォルニアのアーヴィンで、セミナーをすることになっていた。私のセミナーは午後いっぱい行なわれる予定だったが、いつものように前の出番の講師たちを見ようと、午前の中ごろに到着した。

ハイアットホテルの会場に入っていくと、部屋は照明不足だった。ナイトクラブまがいの、いわば薄暗がりの状態なのだ。講師は遠くに薄ぼんやりとかすんでいた。私は愕然とした。すぐにホテルのスタッフを一人、会場に連れてきて言った。「部屋をもっと明るくできませんか?」。彼は答えた。「照明を全部つけたほうがよろしいでしょうか?」

私がそうだと言うと、彼は壁のパネルのところに行き、二、三のボタンに触れた。部屋中が照らされ、教室のようになった。私にとっても、客席のみんなにとっても、それは衝撃だった。聴衆はそれまで二時間、必死になって講師を見つめ、メッセージをつかもうとしていたのだ。

「ナイトクラブのショーじゃないんだから」

これは、私が繰り返し口にするセリフになった。講演の仕事に行くたび、私はライトを全部つけるように頼む。「ナイトクラブのショーじゃないんだから」と言って。

講師は客席を暗くしてもらいたがっている、と考えるプロの照明係は驚くほど多い。このことで、もう一つ問題なのは、聴衆が講師をむしろエンターテイナーと見なすことだ。人々は物音一つ立てないように静かに座り、ステージを見守る。反応を示したり、講師とやりとりしたりしない。まるで、壇上でライトを浴びる講師を、穴から目をこらして見つめるモグラのようだ。

念のため言っておくが、あなたがナイトクラブの芸人でないなら、いわゆる「机の高さに一〇〇本のろうそく」が必要だ。つまり、部屋全体を教室のように明るくすべきだ。聴衆はお互いが見え、あなたの姿もはっきり見え、メモを取ることもできるようにする必要がある。聴衆が楽しみ、満足するためには不可欠なことである。

会場づくりの調整

セミナーを開催するとき、私たちはいつも、会場づくりに立ち会いたいと頼むようにしている。会場側が数え切れないほどの間違いを犯すのはわかっているので、力仕事のできるスタッフがいる間に、彼らをつかまえたいのだ。

前の晩の催しに部屋を使うので会場係は午前三時に来る、と何度聞かされたかわからない。私たちはこう答えたものだ。「結構です。こちらも準備のために、午前三時に行きますから」。午前三時に行くと、たいてい会場づくりはもう終わっているのだ。決まって配置の仕方が間違っているのだが、スタッフはすでに立ち去っている。そこでテーブルとイスを並べ替えさせるために、人々を呼び戻すのが大問題になっていた。

この部分をおろそかにしてはならない。私たちは必ず説明図入りの明快な指示を書いて、会合の企画者に郵便やファックスで送る。そのあと、電話するか、じかに会って一つひとつ細かくつき合わせて討議し、あいまいな点がないようにする。

何事もおろそかにするな

しかし、会場のセッティングを詳細に説明したとしても、ほとんどの場合、指示は無視されるか、誤解されるだろう。だからこそ早めに行って、あらゆるものを点検し、必要があれば変更することがきわめて重要なのだ。

私が長年、講師として成功者でいられるのは、一つには聴衆が快適でいられるよう行き過ぎと思えるくらい気を遣うせいである。聞き手が七人しかいなかった初めてのセミナー以来ずっと、私自身と私が書くことがすべて聞き手からよく見えるようにと心を砕いてきた。できるだけ快適で見やすいように、イスとテーブルを配置したり、並べ替えたりしたのだ。

聞き手の人数が増えても、気遣う気持ちが薄れることは決してなかった。やがて、数日にわたり、何百人もを相手にセミナーを開くようになり、話をもっと楽しく聞いてもらえるようにと細心の注意を払うようになった。

すべての人がよく見えるようにする

会場のどの席からでも、あなたがよく見えるようにしたほうがいい。そのためには、事情が許す限り、イスを、ステージを中心として扇形に、ちょうどパフォーミング・アーツ・シアター（舞台芸術劇場）のように並べることだ。聴衆がかなり多めの場合は、両端の列のイスはすべて四五度の角度に置き、身をよじったり、首をねじったりしないでも講演者を見られるようにするといい。

最前列は、あなたが手を伸ばせば届くくらい近いところにする。俳優が手を伸ばして聴衆に触れることができるライブ・アーツ・シアターの最前列のようにするといい。最前列の距離が遠くなるほど、通じ合うのに遠くまでエネルギーを放たなければならない。

分散させず、一つにまとめる

あなたのエネルギーを電気のようなものだと考えてみよう。あなたは電気アーク、つまり聴衆との心理的、化学的結びつきをつくらねばならない。最前列が近いほど、この電気的な結びつきは簡単につくられ、それが聴衆全体に伝わっていく。

できれば、中央通路はつくらないこと。中央通路に向かってしゃべると、エネルギーはまっすぐ通路を通り抜け、会場の一番後ろに流れてしまう。

ところが、目の前に切れ目なくずらりと人が並んでいると、あなたのエネルギーは海洋の波のように、その最前列に滝となって落ちていく。そして、聴衆のなかをしぶきを上げて進み、列から列へと伝わっていく。聴衆が席に着いたり、退席したりするための出入りの通路は両側につくったほうがいい。

前方に寄せる

「テーブルとイスは会場全体に広げて並べたほうがいい」と考える施設が多いが、それは間違っている。人は自分の後ろにどれだけスペースがあるかは気にしない。気にするのは、壇上の話し手との間の距離だけだ。

劇場では、ステージや役者に近い席ほど値段が高い。それには理由がある。講演者に近いほど、聴衆は楽しめる。間近で、じかに講演者を見たほうが集中できるし、満足感も大きい。最前列の席をステージから三メートルないし六メートル離して設ける会議施設も珍しくない。私はこれを「通りの向こう側への呼びかけ」スタイルと名づけた。こんな配置で最前列の聴衆と通じ合おうとすれば、一生懸命頑張って、多くのエネルギーを発しなければならない。それは困難だし、無駄である。

十分余裕を持って会場入りすれば、後列のテーブルとイスを前に持ってくるようスタッフに頼める。私はよく、三列分のイスとテーブルを最前部に運んでもらう。手を伸ばせば、最前列の人たちに触れることができるようにしたいのだ。

イスの間隔をあける

座席の配置について、最後にもう一つ言っておきたいことがある。標準的な集会施設、ホテル、会議場の座席の配置は、平均的に人が細身だった時代に設計されたものだ。そのため、隣同士に余裕を持たせずに――ときには、ぴったりくっつけて――イスを置くと、聴衆の大半は左右どちらかの太った人に押されてしまう。講演の間じゅう、肩をすぼめて座っていなければならない。

イスの配置が思い通りにできるなら、イスとイスの間隔を一〇センチ以上あけるよう言おう。聴衆はもっと楽になり、リラックスでき、あなたのメッセージを受け入れやすくなるだろう。

小さなイスに押し込まれているように感じている聴衆と通じ合うのは難しいし、最前列があなたのところから五メートルないし一〇メートル近くも離れていればなおさらだ。こういうことは些細なことに思えるかもしれないが、聴衆にとっては大問題である。

施設スタッフが「防火法規」を持ち出して文句を言い出したら、あなたは、消防署長に照会ずみで、このセッティングは認可されている、と言えばいい。相手は黙るはずだ。

ステージの調整

どんな講演やスピーチでも、講師の姿が見えることは重要である。聴衆が多いほど、ステージは高くしなければならない。

原則は、後方の席の人にも、あなたの上半身が見えるようにすることだ。したがって、聴衆が多いほど、イスを後ろに下げ、ステージを高くしなければならない。

大劇場ではステージがかなり高く、かぶりつきに座っている人の頭より上になることさえある。当然のことだが、人はもっぱら役者や芸人——ことにその上半身——を見ようとやって来るからだ。

講師のなかにはステージから降りて、客席の間を歩き回りたがる人がいる。私としては、これは気がきいているようで、無駄なことだと思う。なぜなら、講演者が客席にいると、聴衆の八〇パーセントから九〇パーセントは講演者が見えず、顔を合わせることができない。講演者のすぐそばにいる人は楽しくても、大半の聴衆にとってはほとんど無意味なのだ。

音響システムに注意を払う

ホテルや施設の音響システムは、ここ数年、大幅に改善されている。しかし第8章で述べたように、大半の施設は、安い装置を入れてコスト削減を図っている。そこで施設側は会合の企画者に、音響システムを持ち込むか、ホテルやコンベンション・センターなどで高価な装置を借りるかするよう勧める。つまり、音量豊かな音響システムは、あなたが講演を行なう施設にとって大きな収入源になるのだ。

私が一緒に仕事をする、セミナーの開催企業やプロ組織は、自前で音響係を雇ったり、連れてきたりする。高くついたとしても、そのほうが望ましい。ホテルの従業員のほとんどは、音響システムが講師に適しているか、明瞭に聞こえるかなどはあまり気にしない。残念ながら、それが事実だ。

マイクロフォン

いま使われている最高のマイクロフォンは、耳にかけて頬の横に沿わせる、肌色の小さなワイヤーを使ったものだ。聴衆からはほとんど見えず、部屋全体に響き渡るベルのように鮮明に聞こえる。これはどんどん利用できるようになっている。

●ピンマイク

もう一つ、いま最も普及しているものに、遠隔操作か有線のピンマイクがある。一番いいのはワイヤレスのピンマイクだ。ネクタイか折り襟にクリップでとめ、ベルトの背中部分につけた別の装置にコードでつながっている。この装置は、部屋の横か後方で音響係が制御するアンプに無線で通じている。このマイクなら、歩き回るのも、両手を使うのも思いのままだ。これは普通、「ハンズフリー・マイク」と呼ばれている。

ピンマイクの二つ目のタイプは、テクノロジーがいまほど進んでいなかったころ、私が非常に気に入っていたもので、有線のマイクロフォンだ。これは音響システムに長いコードで接続されているマイクである。音のひずみがなく、多くの場合、講演やセミナーにはうってつけだ。このマイクに長いコードをつければ、自由に歩き回ることもできる。

●ハンドマイク

このマイクは、人を紹介するときや二言、三言発言するときにふさわしい。もっと長いプレゼンテーションをする場合は、ハンドマイクでは片手しか使えない。いろいろな身ぶりを片手でしなければならず、話しながら自然な感情を表すのが難しくなる。

また、ハンドマイクを使うときは、口のすぐ近く、だが顎の下にくるように握ろう。マイクを顔の正面に持ってくると、あなたの顔が聴衆から見えなくなる。常に低めに、顎の下すれすれに持ち、しかも声をはっきり通すには、顔から離してはならない。

演台の扱い

多くのビジネス関係の講演では、演台を前にして話すよう言われるだろう。演台には普通、マイクが一、二本取りつけられている。マイクはできるだけ口に近づけるよう調整することが大事だ。そして、まっすぐ立ち、わずかに身を乗り出し、客席の全員があなたの声を聞き取れるよう、マイクに向かって話す。

マイクから身を離しすぎて、声が部屋中に届いていないことに気がつかないことも多い。ちょっと体を前に傾けるといい。

演台に寄りかかってはいけない。寄りかかると、いいかげんで、だらしない印象を与え、話の内容に確信がなさそうに見える。資料や原稿を置き換えるために手を使うのはいいが、それ以外は手は脇に下げておくか、強調したいときに自然に上げる程度にとどめ、演台には触れないようにする。

さらに望ましいのは、演台の横に立ってしゃべり、原稿に目をやるときだけ演台の後ろを歩くことだ。あなたの全身がよく見えれば、聴衆はそれだけ講演を楽しむことができる。

視覚用の補助機器や小道具の使用

私は一時間以上話をするときは、キーポイントを説明するのに何らかの視覚用の小道具やビジュアル・プレゼンテーションの技術を利用する。聴衆の七〇パーセントは、話したことを目で見た場合にしか頭に刻みつけてくれないからだ。彼らには、あなたの考えを書いたもので見せなければならない。

私が気に入っている道具はオーバーヘッド・プロジェクター（ＯＨＰ）だ。ＯＨＰの横に立ち、アセテート・シートに書き込むと、それが私の後ろのスクリーンに映し出される。私は、重要なことを述べるたびにＯＨＰのスイッチを入れ、その要点をわかりやすく書く。数秒間そのままにしたあと消し、話をつづける。人物などを円や直線で図式的に描いたり、要点をわかりやすくイラストに描くときにもこの方法を使う。

パワーポイントがいつでも利用できる時代に、こうした古くさいやり方をする私を批判する人は大勢いた。しかし、キーワードをその場で書き出し、ＯＨＰをつけたり消したりするライブ・プレゼンテーションは、パワーポイントを使ったプレゼンテーションよりずっと楽しめることにみんな驚く。
なお、パワーポイントを使うときの留意点は第2章に述べた。そちらを参照されたい。

念入りに点検する

講演でパワーポイントなど、何らかの電気装置を使うつもりなら、かなり早めに行き、あらゆるものを点検しておいたほうがいい。プロの技師が間違った設定をすることは、驚くほど多い。あなたの簡単な指示が無視されたり、誤解されたりすることも多い。プレゼンテーションを順調に進める確実な方法はただ一つ、聴衆に向かって話をする前に、自分で準備し、予行演習をすることだ。

温度の調節

講演をするとき、その九〇パーセントは室温に問題がある。涼しすぎることもあるが、たいていは暑すぎる。理由は簡単だ。エアコンを使うと電気代がかかる。ホテル側はいったん光熱費込みで会場を貸すと、技術系スタッフに電気使用量をできるだけ抑えるよう指示する。つまり、できる限り速やかにエアコンを止めるか、まったくつけないということになる。

私はいつも、人々が入って来たとき部屋が涼しくなっていることが大事だと言っている。午前六時で二七度から三二度にもなっている会場があまりにも多く、しかもエアコンをつける人がいないのには驚かされる。会合の企画者が、施設の管理者にエアコンを入れさせようと、大声でわめきたてなければならないこともしばしばだ。

施設のスタッフを信用してはいけない

なぜ施設に目を光らせる必要があるのか。一例を挙げよう。数年前、私はフロリダのボカラトンでセミナーを開くことになっていた。叫び、わめき、言い争い、嘆願し、脅したあと、やっとエアコンを入れてもらった。温度は三〇度近くあり、人々はすでに集まり始めていた。結局、セミナーが始まった時点では、二四度くらいまで下がっていた。私が立って話し始めようとしたとき、技術スタッフがエアコンを切るのがわかった。モーター音が途絶えた。たちまち温度は上昇し始め、三二度を超す外の気温に近づいていった。まったく信じられないことだった！

理想的な室温

聴衆にとって最適の温度は、だいたい二〇度だ。それ以下だと涼しすぎ、以上だと脳がまともに働かない。世界中どこへ行っても、聴衆が快適でいられるほど部屋を涼しくするには、ホテルやコンベンション・センターのスタッフを相手に、主張し、口論し、嘆願し、脅さなければならないだろう。

会場を手配する際、契約書に、最高温度は二〇度という条項を入れておくことだ。たとえばこんな具合だ。「室温が五分以上、二〇度を超えていたら、当会場の使用料を支払う必要はない」

全国的にセミナーを開いている何人かの友人たちは、この条項をたてに、参加者のテーブルに卓上寒暖計を置き、定期的にチェックする。寒暖計の一つでも二〇度を超すと、ホテルのスタッフを呼び出し、それを指摘する。そして、あと三分で部屋代はただになる、と警告するのだ。彼らはこの手を使って、会場使用料を何千ドルも節約してきた。もちろん、ホテルには嫌われている。

最後に一つ重要なことだが、施設側が二〇度の維持に同意したら、次のように言おう。「私が許可しない限り、この温度は変更しないように」。聴衆のなかには、ひどく寒がりの人がいる。そういう人は、大半の人が暑さにうだり始める二四度くらいでも、涼しすぎると文句を言う。そして、こっそり部屋を抜け出し、ホテルのスタッフを探し出して温度を上げるように頼み、こそこそ戻ってくる。こんなことにならないようにしなければならない。

まとめ

会場とステージは、あなたの講演にとって重要な場所である。あらゆる要素があなたの印象を左右する。どれも無視できない。照明、ステージの設定、音響、温度についてのチェックリストをつくるといい。事前にこのチェックリストを会合の企画者と検討し、会場には早めに行って、もう一度スタッフと一緒にリストに目を通す。

あなたができる限り気を配ったとしても、ほかの人は誰も気づかないだろう。聴衆は、なぜ心地よく座っていられるのか、はっきりわからないだろう。温度が快適で、音声が明瞭なのに気づきもしないだろう。会場のどこからでもあなたがよく見え、楽しめるのはなぜなのか、よくわからないだろう。彼らはそういうことに意識のレベルでは気づかないだろうが、無意識のうちに感謝し、素晴らしい講演だったと賞賛するだろう。

第11章

エンディングは華々しく！

End with a Bang:
Leave Them Breathless!

Do your work with your whole heart and you will succeed–there is so little competition!

ELBERT HUBBARD

心を込めて仕事をしよう、そうすれば
あなたは必ず成功する——なぜなら、
競争相手はほとんどいないから！

エルバード・ハバード

優れた講演やセミナーは、上質の演劇や映画や歌のようなものだ。まず聞き手の注意を引き、段階を追って展開され、力強く終わる。スピーチでは、最初と、特に最後に述べる言葉ほど記憶に残るものはない。歴史上の素晴らしいスピーチのなかには、いつまでも人々の記憶に生きつづける、力強く、感動的な言葉で結ばれているものがある。

たとえば、第二次世界大戦中、ウィンストン・チャーチルはドイツ空軍との空中戦に散ったイギリス空軍のパイロットたちを称える言葉で、国民の心を奮い立たせた。「人類史上、これほど多くの人が、これほど少数の人に、これほど多大な恩恵を受けたことは、いまだかつてない」。力強い結びにするためのアドバイスをいくつか述べよう。

結びの文を練る

できるだけ効果的に締めくくるには、文章をよく練らなければならない。

「この講演の目的は何か?」と自問してみよう。そうすれば、あなたの話を聞いたあと、聴衆にどんな行動を取ってほしいかということがわかるだろう。自分が何を望むかがわかれば、彼らにそういう行動を求める結びの言葉を考え出すのはずっとたやすくなる。

華々しく終わるには、まず結びの言葉を考えることだ。そこから逆戻りして、冒頭の言葉を工夫する。本論では、あなたの考えを示し、聴衆に考え、心に刻んでほしいことを話す。

行動を呼びかける

聴衆に取ってほしい行動を告げることは、特に重要だ。行動への呼びかけは、力強く、効果的に締めくくる最高の方法である。たとえば、こんな具合だ。「私たちには大きな課題と素晴らしいチャンスがある。みなさんの協力を得て、それらとしっかり向き合い、来たる年を私たちの史上最高の年にしようではありませんか！」

何を言うにしろ、最後に感嘆符がつくようなものにすることだ。終わりに近づくにつれ、エネルギーを高め、テンポを上げること。力を込め、調子を強めて話そう。最後の論点をしっかり理解させよう。聴衆が同意するかどうか、あなたの求めることを実行する気があるかどうかにかかわらず、あなたが求めることを明確に示さねばならない。

要約で締めくくる

どんな講演にも当てはまる簡単な公式がある。まず、何を話そうとしているかを述べる。

実際に彼らに話す。それから、何を話したかを述べる。講演の終わりに近づいたら、こんなふうに言う。「要点をもう一度、簡潔に述べておきましょう……」。そして、キーポイントを一つずつ挙げていき、それぞれがどうつながっているかを示す。聴衆は順を追って簡潔に繰り返されると、よく理解できる。それに、話が終わりに近づいていることもわかる。

物語で締めくくる

講演が終盤にきたら、次のように言ってもいい。「いままで述べてきたことを具体的に示す物語をお話ししましょう……」。教訓を織り込んだ短い話をし、それからその教訓がどういうことか説明する。聴衆まかせにしてはいけない。

キーポイントをわかりやすく示し、あなたのメッセージとはっきり結びつくような物語で締めくくるといい。一例を挙げよう。

昔あるとき、アメリカ東部出身の友だち同士二人が西部へ行って、金鉱を掘り当て、ひと財産つくろうともくろみました。二人は有望そうな土地の権利を確保して掘り始めました。丸一年、週七日、休むことなく働き、どんどん深く掘っていきましたが、出てきたのはつまらない石ころばかりでした。疲れ果て、がっかりして、権利をほかの探鉱者に数ドルで売り、荷物をまとめて東部に戻り、新しい仕事に就いて、新たな生活を始めました。

その後、二人は、権利を売った探鉱者が鉱山技師を呼び寄せて土地を調査させたことを知りました。技師は、地中には金鉱があるが、もとの探鉱者は間違った方向に掘っていたと判断し、別の方向に掘れば金は見つかるだろうと言いました。

すると、二人があきらめた地点からわずか六〇センチのところで、新しい探鉱者は金鉱の主脈を掘り当て、たった二、三年で四千万ドル以上を手にしました。二人の若い探鉱者は、専門知識のある鉱山技師の指導を仰がなかったのが大きな間違いで、あまりにも早々とあきらめてしまったのです。

一部始終を聞いた二人は、ある決心をし、それで人生が一変し、ついには大成功をおさめました。つまり、以後、どんな投機的事業を始めるにしても、もう少し努力し、もう少し深く掘り、その道の選り抜きの専門家の助けを借りることに決めたのです。

さてみなさん、私たちもまた金鉱を求めて掘っています。私たちの前には、無限の可能性が広がっています。チームとして、互いに知識を分かち合い、より深く掘り、より努力し、成功を手にするまであきらめず頑張りましょう。

笑わせる

ユーモアで締めくくるのも一つの手だ。あなたのテーマに立ち返り、笑い話を使って、特に伝えたい教訓や論点を再認識させるのもいいだろう。

私は、計画の遂行や粘り強さについて講演するとき、最大の敵、つまり「最も安易な道を行きたがる」という点を取り上げる。そして、次のような話をする。

オルとスヴェンがミネソタで狩りに出かけ、鹿をしとめました。しっぽをつかんで、鹿を引きずりながらトラックに戻ろうとしましたが、何度も足を滑らせ、手を離したりよろめいたりするばかりでした。

一人の農夫が通りかかり、声をかけました。「きみたち、何をしてるんだい？」

二人は答えました。「鹿をトラックまで引きずって行くところさ」

農夫は言いました。「鹿はしっぽをつかんで引きずるもんじゃないよ。神様が与えてくれた柄を握って引きずるんだ。枝角という柄をね。鹿は枝角をつかんで引きずるのさ」

オルとスヴェンは言いました。「そいつはいいことを聞いた。ありがとう」

彼らは枝角を握って引っ張りました。五分もすると、ずいぶん先に進んでいました。

オルはスヴェンに言いました。「スヴェン、あの農夫の言った通りだ。角を引っ張るほうがずっと楽だな」

スヴェンは答えました。「そうだな、オル。だけど俺たち、トラックからどんどん遠ざかってるよ」


笑いが静まると、私は言う。「実際、大多数の人たちが楽なほうへと進んでいきますが、真の目的地であり目標である『トラック』から、ますます遠ざかっているのです」

詩の形式にする

詩で締めくくってもいい。伝えたいキーポイントを簡潔に示すメッセージの入った素晴らしい詩がたくさんある。感動的な詩、ドラマチックな詩、情緒的な詩と、よりどりみどりだ。

数年前、私は脳腫瘍で亡くなった大切な友人の葬儀で弔辞を述べた。彼は若いころ、第二次大戦時、パイロットとして北アフリカで体験したことを生涯、忘れることはなかった。私は彼が家族、友人、地域社会にどれほど尽くしたかを述べたあと、『飛行士（Ｔｈｅ Ａｉｒｍａｎ）』という詩を朗読した。これは次のような言葉で終わっていた。「彼は重力の絆を断ち、神の御顔に触れた」

それは善良な男の人生の真髄を簡潔に述べ、参列者の感動のうちに幕を閉じる素晴らしい方法だった。

鼓舞で締めくくる

鼓舞する言葉で話を締めくくることもできる。希望こそ、人間が何より信じているものである。人はいまよりもっといい人間になり、もっといい行ないをするよう触発され、鼓舞されるのが好きだ。

誰でもさまざまな問題や困難、課題、失望、挫折、失敗と向き合い、取り組んでいる。だから、力と勇気を与えてくれる話や詩をありがたいと思う。

長年、私は、『あきらめるな（Ｄｏｎ，ｔ　Ｑｕｉｔ）』やロバート・Ｗ・サーヴィスの『続行せよ！（Ｃａｒｒｙ　Ｏｎ！）』などの詩でセミナーを締めくくっており、好評を得ている。

物語を話したり、詩を朗読したりするとき、あなたは俳優にならなければならない。ゆっくり話し、言葉に感情と劇的要素を込めるのだ。本書にあるテクニックをすべて実践しよう。

重要なところでは一段と声を張り上げ、秘めやかな、情緒的なことを述べるときは、声をひそめる。ときどきはテンポを上げ、印象的な部分では速度を落とす。

特に、普段の会話の二倍は「間」を入れよう。重要なところでは前後にドラマチックな「間」を入れる。聴衆が言葉を消化し、ついて来れるよう、話の区切りで「間」を入れよう。面白いところでは微笑み、示唆に富んだところ、感動的なところは厳粛にやることだ。

講演が終わりに近づいたら、最後は声を落とすよりむしろ張り上げるようにする。締めくくりの「感嘆符」を忘れてはならない。

終わったことを明確にする

最後の言葉を述べるときは、終了したことがはっきりわかるようにしなければならない。聴衆を戸惑わせたり混乱させたりしてはいけない。誰もがこれで終わりだと気づくようにすることだ。

語る調子を徐々に落として話を終わらせる講演者が多い。たとえば、「まあ、だいたいこんなところです。ご静聴ありがとうございました」。これはやめたほうがいい。きっぱりとした締めくくりとは言えず、信頼も影響力も損なう。

話が終わったら、そのままじっと立っていよう。聴衆のなかに親しみやすい顔を見つけ、その人をまっすぐ見つめる。失礼にならないようなら、その人に温かく微笑みかけて、スピーチが終了した合図を送る。

書類をめくったり、服やマイクをいじったり、前に出たり、後ろに下がったり、右や左に移動したりしてはいけない。気をつけよう。

拍手のタイミング

話が終わると、聴衆は拍手をしたいと思うものだ。みんな、ここが拍手をするときだという合図を待っているのだ。

話が終わったのにいち早く気づく人もいる。だが、たいていあなたが結びの言葉を述べて、しゃべるのをやめると、聴衆はしーんと静まりかえる。話が終わったかどうか確信が持てないのかもしれないし、あなたの最後の言葉を考えているのかもしれない。誰かが行動を起こすまで、どうしたらいいかわからないのだ。

二、三秒して、人々は拍手をする。最初の一人が手をたたき、それから次々とみんなが手をたたき出す。誰かが拍手を始めたら、その人をまっすぐ見つめ、微笑み、口の動きで「ありがとう」と言おう。

拍手をする人がますます増えてきたら、うなずき、微笑み、「ありがとう」と言いながら、ゆっくり一人ひとりに視線を送ろう。やがて部屋全体が拍手に包まれるだろう。

スタンディング・オベーション

あなたが感動的な話をし、聴衆と本当に通じ合えたら、誰かが立ち上がって拍手するだろう。そのときは、拍手する人をまっすぐ見つめて「ありがとう」と言って、残りの人々の背中を押す。すると、ほかの聴衆も立ち上がる気になる。人々はほかの人たちが立つのを見て、自分たちも立ち上がり、いつまでも拍手しつづける。

講演者が話を終えて、黙って立っていると、聴衆も沈黙したまま座っていることがままある。だが、当人がくつろいだようすで立ったまま、話が終わったことに聴衆が気づくのを待っていると、ぽつぽつと拍手を始める人が出て、一人また一人と立ち上がることも多い。

客席の最前列が近い場合は、そのうちの一人が立ち上がって拍手したら、進み出るか身を乗り出して、その人と握手しよう。なぜか聴衆の一人と握手をすると、ほかの人たちも握手をしてもらっている気になって、得意に思う。そこで彼らは立ち上がり、拍手する。まもなく会場中が総立ちになって、拍手喝采するだろう。

スタンディング・オベーションになってもならなくても、紹介者が聴衆を代表してあなたに礼を言おうと近づいてきたら、にっこり笑い、心を込めて握手しよう。失礼でなければ、感謝のしるしの抱擁をし、聴衆には気さくに手を振ってから脇に退き、紹介者にステージを譲ろう。

雄弁の威力

あらゆるビジネスや社交の場で感銘を与える話ができれば、あなたの人生はずいぶん変わるだろう。あなたを助け、道を開いてくれそうな人々の注目を引くかもしれない。そして、よりよい仕事につき、より早く昇進することもあるだろう。

とりわけ、聞き手が多くても少なくても、印象的なプレゼンテーションができれば、あなた自身の自負心、自尊心、誇りが高められる。人に影響を与え、説得することができるとわかれば、自信と達成感が大いに高まる。

何よりなのは、こういうスキルが訓練と繰り返しによって身につくことだ。限界はない！

まとめ

結びの言葉によって、聴衆に大きなインパクトを与えることができる。選び抜かれた言葉であれば、聞き手にそれまでとは違う考え方、感じ方、行動を起こさせることができる。ときには、彼らの人生を変えることもある。

第12章

説得力のあるセールス・プレゼンテーション

Making Persuasive Sales Presentations

Nothing happens until somebody sells something.
RED MOTLEY

誰かが何かを売らないことには始まらない

“レッド”・モトリー

人は誰でも販売活動をしている。問題はただ一つ、どれだけうまくできるかだ。たいていの人は、「何かを売る」と考えるだけでおじけづく。何かを買ってもらおうとすれば、拒絶や失敗はつきものだからだ。

第3章で述べたように、人は失敗や拒絶を恐れる。私たちはときとしてこの恐怖に圧倒されることがあり、だから何とかして失敗したり拒絶されたりしそうな事態を避けようとする。人は容易に受け入れてくれる関係を好み、失敗したり拒絶されたりすることがあまりない仕事を選ぶ。つき合う相手も、ありのままの自分を受け入れてくれる人たちを選ぶ。

売ることは「説得する」こと

しかし、みんな何かを売っている。誰もが、人を説得して、自分と同じように考えさせようとする。単に配偶者にあるレストランで食事をする気にさせるだけでも、子どもをベッドに入れるだけでもだ。

もちろん、誰も自分をそんなふうには考えていない。たとえば、以前、ある国際的な大企業で働く上級会計士たちに講演を行なったことがある。その会計事務所は、説得術についての講演を依頼してきていた。私は開口一番、こう尋ねた。「ここにいる何人がセールスをし

ています か?」

部屋は静まりかえった。会計士がその職業を選んだのは、一つには人に何かを売る必要がなく、拒絶されることもまずないからだ。彼らは、何かを売ると考えることすらない。

私はちょっと間を置いてから言った。「私の聞き方がわかりにくかったかもしれません。本当の意味でセールスに携わっている人は何人いますか?」

さらに数秒間、沈黙がつづいたあと、上級幹部が私の言っている意味を理解した。彼はゆっくりと手を挙げ、周りを見回した。ほかの会計士たちもそれを見て、自分たちもセールスをしていることがわかってきた。

誰もが何かを売っている

そこで私は聞いた。「みなさんのなかで、新規の仕事を取ってくる能力があってここにいる人は何人いますか? あなたの収入は、事務所の顧客数とあなたの年間取扱高いかんで大いに変わってきますか?」

全員がためらうことなく手を挙げた。「では」と、私は言った。「ここにいるすべての人がセールスをしているわけです。唯一の問題は、それをどれだけうまくやっているかです。これからいくつか考え方をお話しますが、それによってみなさんは疑い深い法人顧客を相手に、もっと説得力を持てるようになるでしょう」

あなた自身を売り込み、あなたの考えを売り込む

講演は一種の販売行為であり、セールス・プレゼンテーションに言えることは講演にも言えることが多い。つまるところ、あなたに好感と信頼を抱く聴衆が多いほど、あなたのメッセージを受け入れることに不安を持たなくなる。あなたを信頼すればするほど、あなたの影響を受けやすくなる。あなたを全面的に信頼すると、あなたのどんな勧めにも従おうとする。販売行為と同様、人々に話をするのは、相手を説得して、それまでとは違う考え方をし、行動を起こさせるためだ。

あなたは選ぶことができる。説得力を持ち、多大な影響を及ぼすこともできれば、従順で消極的にもなりうる。人々をあなたに協力させることもできるし、他人についていき、彼らに協力することもできる。それを選ぶのはあなただ。

幸い、販売は習得できるスキルだ。今日のトップセールスピープルもみな、かつてはセールスが下手だった。現在、売上高上位一〇パーセントに入る人の多くも、駆け出しのころは

下位一〇パーセントにいた。実践を重ねるうちに販売のコツを覚え、説得、意思の疎通、影響力の発揮などが効果的に行なえるようになる。あらゆる販売術は習得できるのである。

相手の不安を和らげ、あなたの影響力を高める

前にも述べたが、人はみな、操られたり利用されたくないと思う。誰も、ほしくない、必要のない、使えない、あるいは買う余裕のないものを買わされたくはない。誰も、後悔するようなことはしたくはない。

だから、新しい見込み客に接触を図ろうとすると、相手は過去の経験から、用心深く、ためらいがちになり、疑いを抱く。間違いを犯すのではないか、という無意識の不安を持つのだ。セールストークでまずすべきことは、その不安を和らげ、信頼感を持ってもらうことだ。

私はときどき聴衆にこう聞く。「セールスでも社会生活でも、一番大事な言葉は何でしょう？　あなたがどれだけの量をどれだけ早く売り、どれだけ稼ぐかを決めるもの、あるいは、あなたの生活水準、ライフスタイル、それに職場や社会で成し遂げるほとんどすべてを決めるものは何でしょう？」

たいていは長い沈黙がつづく。そこで私は答えを言う。「信用」だと。公務、講演、販売、

ビジネスで成功するために最も重要な言葉は「信用」である。人はあなたを信用すればするほど、たやすく説得される。

あらゆることが信用に影響する

シーソーを想像してほしい。初めて取引先と会うときは、このシーソーの一方の端が非常に高くなっている。これは、あなたとの取引で過ちを犯すのではないかという相手の不安を象徴している。シーソーのもう一方の端は低い。これは、最初のあなたの信用度だ。

電話やメールでも、直接会うのでも、初めて接した瞬間から、あなたのあらゆる行為がこのバランスに影響する。あなたの信用度を高めたり低めたりする。すべてが重要なのだ！

あなたのスピーチの仕方、歩き方、話し方、服装、握手の仕方、見込み客とのやりとりが、信用に影響する。取引を成立させるには、また、見込み客があなたの勧めを受け入れるには、不安をなくし、信用度を高めて全幅の信頼を置かれるようにしなければならない。

「誰でも買うのは好きだが、買わされるのは好きではない」と言われる。誰でもそれまでとは違うことをしたり考えたりするような提案には、疑いを抱き、怪しみ、用心する。人はみな、過去に火傷をした経験があり、二度とだまされまいと決心しているのだ。この不安を軽減するには、あなたの信用度を高めることだ。

効果的なセールスのための七つのステップ

販売のプロセスには七段階ある。セールスの場で話をするときは、ちょうど聴衆に講演するときのように、次の七つのステップを心得ておかねばならない。このうち一つでも飛ばすと、あなたの売り込みや説得の努力は水の泡になる。

ステップ1　探し当てる

第一段階は、探し当てること、つまり、あなたの製品やサービスを買う余裕があり、買う気のある人を見つけ出すことだ。そのためにはまず、あなたの理想の顧客とはどんな人なのかを明確にしなければならない。年齢、職業、学歴、地位は？　あなたが売っているものを利用したことがあるかないか？

企業は、自分たちの製品やサービスを買う可能性が最も高いのはどんな人かをつかむため、毎年、市場調査に大金をつぎ込む。売り込みをする前に、説得しようとする相手のことをよく知っておこう。

●有望な見込み客の四つの必要条件

見込み客があなたの説得を聞き入れやすくなる（または、あなたの商品を抵抗なく買う気になる）には、まず、彼らが四つの条件を満たしていなければならない。

第一に、苦痛なことがあること。切実な不満や、悩みや憂うつのタネがなくてはならない。売り込みを始める前に、あなたの製品やサービスで取り除くことのできる、どんな苦痛があるのかを見きわめなければならない。

第二に、問題を持っていること。本人にとって問題が明らかな場合も、そうでない場合もある。実際には存在しない場合さえある。いずれにしても、あなたの製品やサービスによって、コスト効率の高いやり方で解決できる問題を明確にしなければならない。

第三に、満たされていないニーズがあること。あなたの製品で実現できるような、何らかの生活改善を望んでいることだ。あなたが応えられるニーズは何か？

第四に、達成されていない目標があること。あなたの製品やサービスによって、どんな目標をタイムリーに、コスト効率よくやり遂げられるかを見きわめねばならない。

●見込み客と疑似見込み客

セールス・プレゼンテーションでは、まず、見込み客と疑似見込み客を見分けることが必要だ。あなたはいろいろな質問をして、あなたの製品やサービスによって、軽減または解決できる苦痛、問題、ニーズ、目標があるかどうかを見きわめなければならない。ニーズなくして販売なし、である。

しかし、販売を目的としないプレゼンテーションの場（ビジネス・ミーティング、企業セミナー、大会のプレゼンテーションなど）であっても、冒頭に、「苦痛、問題、ニーズ、目標」の一つないし二つを取り上げ、これから述べる話のなかで打開案や解決策を示すつもりだ、ということを言ったほうがいい。

●問題点は、最初にはっきり述べる

あなたの製品やサービスを売り込みたいときは、たとえば次のように話を始めるといい。

保険業界によると、現在働いている一〇〇人のうち、六五歳になったとき金持ちでいられる人は一パーセント、満足な暮らしをしている人は四パーセント、少々蓄えがある人が一五パーセントで、残り八〇パーセントは、死亡しているか、文無しか、年金が頼りか、あるいは働きつづけているかだそうです。上位五パーセントに入り、二度とお金の心配をしなくてすむほど豊かになる方法を、いまからお話ししましょう。

ステップ2　親密な関係と信頼を築く

見込み客に、職場や私生活での現在の活動や仕事について適切な質問をし、相手の言うことに熱心に耳を傾け、親密な関係をつくろう。

あなたの製品やサービスが、相手と似たような状況の人々にどう役立ったかを説明して、信頼を築き、影響力を手に入れよう。

質問は、いい関係づくりに非常に効果的だ。率直でまじめな質問をすることで、見込み客の考えや気持ちに関心を持ち、彼らの状況を気にかけていることを示すことができる。話に耳を傾けることで信頼が生まれる。相手の言うことに身を入れて聞けば、それだけあなたに好感と信頼を抱き、あなたの説得を受け入れるようになる。

●買い手は何を好むか？

全米購買部協会は、数十億ドルもの製品やサービスの仕入れを担当する何千人という役員を擁する組織だが、毎年、調査のため会員に二つの質問をする。来訪するセールスピープルについて、最も好ましい点は何か？　最もいやな点は何か？

回答は、毎年、同じ結果になる。好ましいのは、適切な質問し、答えを熱心に聞き、的確な購入決定の手助けをしようとするセールスピープルだ。最も評判の悪いほうについての典型的な回答は、こんな具合だ。「最低のセールスピープルは、入ってくるなり、製品やサービスについてとうとうとまくし立て、何の質問もせず、こちらが必要なものを話そうとしても、耳を貸そうとしない人だ」

●見込み客に耳を傾けよ

相手の話に耳を傾けることで、不信と疑念を消し去り、不安を和らげ、あなたの信用を高めることができる。聞き上手になれば、人々はあなたに好意と信頼を寄せ、製品やサービスの購入を勧められることに抵抗を感じなくなる。

一方的に話すことは販売行為ではない。質問して初めて、販売行為になる。あなたの製品やサービスについて、ただしゃべりまくるのに知恵はいらない。だが、特徴や利点を取り上げ、それを質問の形で述べ、見込み客にあなたの製品と、その答えを考えさせるには、かなり頭を使わなければならない。

●伝えたいことを質問形式で述べる

「このコピー機は、一分間に三二枚という驚くべき枚数をコピーできます」と言う代わりに、こう言おう。「コピー機は、普通、何枚コピーできるかご存知ですか？　たった一八枚と聞いて、驚かれるかもしれません。でも、この機械はわが社が開発した高度な技術によって、毎分、実に三二枚もコピーできるのです」。質問をしてから情報を与えると、ただ単調に話をするよりはるかに効果的だ。

聞き手の人数には関係なく、私は話をするとき、たえず質問をし、答えを待つ。たいてい答えは出てこないが、緊張感みなぎる沈黙のなかで、聞き手は注意を集中させ、一言も聞きもらすまいとする。話題に引き込まれるのだ。そこで、私は驚くべき事実であるかのように、答えを告げる。聞き手は、スピーチや情報提供をこうした問答形式で進められるのを好む。

●人間関係に重点を置く

ハーバード・ビジネス・スクールのセオドール・レヴィットは言っている。「二一世紀の販売活動はすべて、リレーションシップ・セリング（人間関係重視の販売）になるだろう」。つまり、あなたが築く人間関係いかんによって、いかに影響力や説得力を持つかが決まるということだ。

これは、感情が評価を歪めるからである。人はあなたに好意や信頼を抱くほど、あなたの製品やサービスをより高く評価する。あなたを気に入れば、あなたの商品は上質で、値打ちがあると感じる。製品の問題点やちょっとした欠陥も、大目に見てくれる。あなたに好意を持てば持つほど、あなたの言うことなすことのすべてをポジティブに受け取ってくれるのだ。

ステップ3　ニーズを見きわめる

見込み客を見きわめ、親密な関係と信頼を築くと、いよいよセールストークの打席に向かうことになる。だが、顧客があなたの製品、サービス、アイデアに興味を持つのは、真に迫ったニーズがあり、あなたの提供するものがそれに応えられると納得した場合だけである。思い込みをしてはならない。たとえ顧客の多くが似たようなニーズを持っているとしても、当の相手が同じニーズを持っているとは限らない。

●「セールスドクター」的手法を取れ

自分を「セールスドクター」と考えよう。専門が何であろうと、医者は患者を診察するとき、三段階のプロセスを踏む。

まず、徹底的に調べる。血圧、脈拍数、体温を計るなど、さまざまなチェックをしたあと、最近といまの体調について一連の質問をする。

そういう検査を終えると、第二段階に進み、仮診断を下す。いい医者は検査結果を検討し、所見が症状と一致するかどうか患者自身に聞く。

一致すれば、第三段階、つまり処方箋や治療へと進む。もしも十分な検査や診断をせずに、患者に会うとすぐ処方薬や治療を勧めるなら、それは医者の怠慢による不良処置と見なされるだろう。

●まずニーズを特定せよ

同様に、調査をせずに見込み客に会い、あるいは聞き手に話をし、「相手が必要としているものは自分が売っているものだ」と決め込むようなら、あなたはセールスで不良処置を行なっていることになる。

相手が、自分には取り除きたい苦痛があり、解決すべき問題があり、満たしたいニーズがあり、達成したい目標があることを認めたとき初めて、あなたは製品やサービスを理想的な選択として提示することができる。

その前に、製品やサービスのことを言い始めると、見込み客は、実は興味を持ったかもしれないのに、かえってその気持ちが薄れてしまうだろう。客はうんざりして、あなたの勧めに耳を貸す気がなくなる。

ステップ4　プレゼンテーションを行なう

セールスの第四段階は、あなたの製品やサービスが相手にとって理想の選択であると納得がいくように説明することだ。製品やサービスが完璧である必要はない。ただ、その客が問題を解決したり、目標を達成したりするための、その時点での最良の選択であればいいのだ。

優れたプレゼンテーションとは、あなたがニーズを見きわめるときに得た情報を伝え、あなたの製品やサービスでどのように問題の解決や目標の達成ができるかを、段階を追って丁寧に説明することだ。プレゼンテーションは、相手を説得するというより、あなたの製品やサービスが、問題を解決したり苦痛を取り除いたりするために理想的な選択であることを、相手に示すことなのだ。

プレゼンテーションの間、あなたの解決策の特徴と利点を一つひとつ示し、それぞれ納得がいくかどうか聞こう。優秀なセールスピープルは、プレゼンテーションのあらゆる段階でフィードバックを求める。無能なセールスピープルは、彼らの特徴と利点についてしゃべるだけの、駆け足のプレゼンテーションをやり、最後に言う。「それで、いかがでしょうか?」

提供した情報を検討する時間を十分に与えないと、相手はこう言うほかないだろう。「そうですね、なかなかよさそうですが、よく考えさせてください」。相手は納得していないのだ。「もう一度、考えたい」とか「考えさせてくれ」という言葉は、「永久にさよなら」という意味である。

相手はもう一度考えたりしない。これは単なる社交辞令で、実はこう言っているのだ。「あなたのプレゼンテーションは、私にはあまりにもテンポが速すぎて、どうしてお宅の製品やサービスを購入すべきなのかよくわからない。とにかく、わざわざ来てくれてごくろうさん」

ステップ5　反論に答える

セールスの第五段階は、相手の疑問、不安、反論に答えることだ。セールスに反論はつきものだ。客はたいてい、価格、取引条件、支払い条件、値引き、品質、妥当性、実用性などについて聞いてくる。

私が知っている範囲で最も稼ぐセールスピープルは、顧客が言いそうな反論を予想し、それに明快で説得力のある答えを用意しておく人たちだ。そして、相手が反論を持ち出すと、いったん認め、それを持ち出した客をほめた上で、それがいかに簡単に対処できるか、なぜそれが事を進める障害にならないかを説明する。

他方、無能なセールスピープルは、やっつけ仕事をする。反論を聞くと、動揺し、憤慨し、返事に窮することもしばしばだ。結果として、次々に販売のチャンスを逃してしまう。

ステップ6　取引をまとめる

第六段階は取引をまとめることだ。その場での購入の決断を求め、取引をまとめるのだ。

ゴルフ界には、「ドライバーショットは見せるため、パットはカネのため」という言葉がある。セールスのプロセスで、これまでしてきたことはすべて「見せるためのドライバーショット」に相当する。最終的な成功は、客がためらいや疑念に打ち克ち、購入を決断するためのあと押しをする、あなたの手腕に大きくかかっている。

●誘導的なクロージング

取引をまとめる最も簡単な方法は、たぶんこう聞くことだ。「私がまだ取り上げていないことで疑問の点や、もっと知りたいことがおありですか？」。相手が「いいえ」と答えたら、購入の決断を引き出す「誘導的クロージング」を言う。「では、これをお試しになったらいかがでしょうか？」。もしサービスを売っているのならこうなる。「では、私どもをお試しいただけませんか？」。耐久消費財――乗用車、家具、さらには住宅も含め――を売っているのであれば、まずこう言う。「それでは、こちらなどいかがでしょうか？」。顧客が「なかなかよさそうですね」と言えば、すかさず「では、こちらになさっては?」とか「こちらを購入されては?」と誘う。

「誘導的クロージング」は最も簡単な決着方法であり、見込み客が自分の望んでいる利点をその商品から得られると確信した場合は、きわめて効果的である。

●指示的なクロージング

契約に持ち込むもう一つの非常に効果的なテクニックは、「指示的クロージング」である。この場合も、まずこう聞く。「私がまだ取り上げていないことで疑問の点や、もっと知りたいことがおありですか?」

客が「ええ」と言っても、「いいえ」と答えたことにして、「では、次の段階として……」と言って、あなたの製品やサービスの購入、入手の手続きを説明する。たとえば、こんな具合だ。「では、次の段階として、こちらの二枚の用紙と二九九五ドルの小切手にサインをお願いできますか? 私どもでは、それをオフィスに持ち帰り、注文手続きをすませ、明細書を作成いたします。お届けは、来週の水曜の午後になります。そういうことでいかがでしょうか?」

「指示的クロージング」の威力は、あなたが会話の主導権を握り、思い通りに事を運べることだ。こうしてあなたは販売契約や取引をまとめ、無事終了となる。

●クロージング力は習得できる

セールスの仕事では、五つのステップを経ていよいよ購入の決断を求めるときが来ると、ヘッドライトの光を浴びた鹿のように、一種の部分的な麻痺状態に陥る人が多い。凍りつき、心拍数が跳ね上がり、緊張で震えがくる。客に断られるかもしれないという不安におののくのだ。

しかし、それはあなたにはふさわしくない。あなたは取引をいかにまとめるかを学び、繰り返し実践し、ついにはどんな状況でも言葉巧みに、効果的に、落ち着いて決断を求めるようにならねばならない。

●購入の決断を求める

数年前、私はレストランの割引カードのセールスでオフィスを一軒ずつ訪問して、熱心にプレゼンテーションをやっていた。しかし、いざ取引を求める段になると、すっかりあがってしまう。そして、いきなり言い出すのだった。「それで、いかがでしょうか？」

どの客も同じ返事をしていたような気がする。「なかなかよさそうだね。ちょっと考えさせてほしい。また来てくれないか」。数週間後には、町じゅうの人々が私の製品について「考えている」はずだった。だが電話は一度も鳴らなかった。やがて私は、またもや学んだのだ。「考えさせてほしい」とか「また来てくれ」というのは、さよならという意味だったのだと。

ある日、私ははっと気がついた。問題は製品や顧客にあるのではなかった。私自身にあったのだ。私は契約に持ち込む質問をするのが怖くて、尻込みしていた。その日以来、有望な見込み客に先延ばしはさせないぞと決心した。

翌朝、ある見込み客のオフィスを訪ね、プレゼンテーションをした。彼は微笑みながら言った。「なかなかよさそうじゃないか。目を通しておくよ。また来てくれないか？」

私は勇気を奮い起こして言った。「再訪問はいたしません」。彼は鋭く私を見上げて言った。「何だって？」。私は繰り返した。「再訪問はいたしません。必要なことはすべてご存知のはずですから、いますぐにも購入をお決めいただけるのではないでしょうか。とにかくお求めになってみては？」

すると彼は、セールスパーソンとしての私のキャリアを一変させることになった、あの魔法の言葉を口にした。「そうか、再訪問がないのなら、いまもらっておこうか」。彼は注文書にサインし、お金を払った。私は有頂天でオフィスを出た。

さっそく、次のオフィスに乗り込み、プレゼンテーションをし、見込み客が「なかなかよさそうだね。また来てくれないか？」と言ったとき、私は同じことを言った。「申し訳ありませんが、再訪問はいたしません。必要なことはすべてご存知のはずで、……」

彼は購入した。そして、その次の客も、またその次の客も同様だった。そのとき以来、私は話を聞いてもらったほとんど全員に売った。購入の決断を求めるようになってからの一日の売上高は、それ以前に一週間がかかりで売っていた額をしのいだ。

●拒絶はあなたに向けられたものではない

あとになって、問題は自分の恐怖心と、契約に持ち込む質問ができないことにある、と悟った。セールスで拒絶される恐怖というものがあまりにも大きくなると、非常に関心の高い見込み客に対してさえ、しくじりかねない。

拒絶を克服するカギの一つは、拒絶があなた個人に向けられたものではないと理解することだ。相手が気乗りしない態度を見せても、それは人間としてのあなたの資質とは何の関係もないし、あなたが販売したり勧めたりしているものの質ともまず関係ない。むしろ、見込み客自身の問題であり、さらには彼らがさまざまな売り込みを断らなければ、次々に購入決定を迫られるような商業主義社会に育ったということだろう。拒絶はあなた個人に向けられているのではないのだ。

ステップ7　リピート販売と紹介

セールスの第七段階は、満足した顧客から再注文や紹介を受けることだ。そのためには、販売後、ことに客が購入を決めた直後に、彼らを大切に扱わなければならない。

●買い手の後悔を防ぐ

顧客が買ったことを後悔し、気が変わる可能性が最も高いのは、購入を決断した直後だ。これに備えておかなければならない。

顧客と同様、優秀なセールスピープルは、販売後のアフターフォローに相当こだわる。顧客に再び購入してもらい、友だちにも紹介してもらえるよう、製品だけでなくサービスや製品の納入、設置の仕方でも満足してもらおうとする。

●最も簡単で、最も利益になるセールス

実は、これまで買ったことのない人に売るより、満足した顧客に再度、売るほうが一〇倍楽だ。つまり、リピート販売にかける時間、お金、経費、努力は、ゼロからスタートして新

規の取引先を見つけるのに比べると、一〇分の一ですむということだ。満足した顧客からは、すでに厚い信用を得ているからである。

満足した顧客からの紹介があれば、未知の見込み客に対し飛び込みで訪問販売するより、売るのは一五倍もたやすい。紹介者の信用に便乗しているからだ。相手はすでにあなたを信用し、あなたの商品の質のよさを信じている。あなたは相手のニーズや問題を明確に知り、あなたの製品やサービスがそのニーズに応え、または問題を解決できることを示して、注文を求めさえすればいいのだ。

グループに売り込むとき

今日の多くの製品やサービスは複雑だ。決定権を持つただ一人の人を訪問し、その人があなたの製品やサービスの購入を決める、というような単純なセールスではなく、一度に数人に向けてプレゼンテーションを行なわなければならないことがしばしばある。

こうしたチーム・プレゼンテーションをしなければならない場合、数人を相手に商品の紹介をするのが、あなた一人であっても、会社の同僚と一緒であっても、いくつかのステップを踏む必要がある。

購入決定がどのようになされるかを探り出す

まず、その企業や組織内の力関係を突きとめること。そこでは購入の決定がどのようになされているか？　これまでどのようになされてきたか？　購入を決めるとき、主として何が考慮されるか？

人にはそれぞれの購入戦術があるように、会社にもそれぞれ仕入れ戦術がある。さまざまな業者に声をかけるのを好む会社もあれば、一つの業者を特に信頼し、親密な関係を結んで、もっぱらそこと取引するのを好む会社もある。たいていは組織内の力関係から、複数の人が売り手と会って、相手がうってつけの人物であることを確認して、安心したいと考える。いずれにせよ、あなたが最初にコンタクトを取る相手に、組織内でその種の決定がどのようになされるかを聞くべきである。

キーパーソンを見分ける

グループに向けてチーム・プレゼンテーションを行なうときは、事前にミーティングの出席者がどんな人たちか調べよう。彼らの名前、肩書き、関心分野を知っておこう。相手の一人ひとりに電話をし、最も気がかりなことは何か、そのミーティングで何を実現させたいかを聞ければなおいい。

言うまでもなく、準備はプロの証しである。そして、最も重要な準備は、聞き手のニーズの構造を探り出すことだ。購入の決定をしたり、決定のあと押しをしたりするときに、彼らが最も重視することは何か?

最終決定権を持つ人を見つけ出す

グループ内のあらゆる購入決定に、「イエス」と言う権限を持つ人間が一人いる。ほかの人はみな、「ノー」としか言えない。この最終決定を下す人——購入の決定またはその破棄ができる人——を見きわめねばならない。その人は、いろいろな質問をすることもあれば、黙ってほかの人たちに質問をまかせておくこともある。しかし、最終決定権者が誰なのかを見きわめ、プレゼンテーション中ずっとその人に向けて話をすべきだ。

決め手となる利点を見つける

どんな購入決定でも、相手が買うためには、買えば得られると納得できる利点、つまり「購入の決め手」がなければならない。

相手グループに会う前に、その会社の誰かに聞いておくことだ。「お宅の会社で、うちの製品やサービスの購入を決定するとしたら、最大の決め手となるのは何ですか？」

主な拒絶理由を突きとめる

障害物――取引成立の妨げとなるもの――を見つけよう。客がためらったり、買おうとしない理由は何か？

その答えは、客の現在のニーズと過去の経験からきている。相手の会社に友人がいれば、こう聞いてもいい。「この種の購入の決定を見合わせ、先送りする原因となっている主な障害は何なのか？」

取引をまとめたいなら、答えを知らねばならない。客が何を最も欲し、必要としているか、それと同時に、何が買う決断をためらわせ、先送りさせているのかを知らなければならない。それから、繰り返し、決め手となる利点を力説し、あなたとの取引で障害物や不安がいかに取り除かれるかを示すのだ。

セールスのプロのように話す

人々を前にして話をするとき、特にその人たちにあなたの提言を受け入れてもらおうとするなら、以上の七つの要素をどう活用できるかを考えよう。そうすれば、あなたのプレゼンテーションはさらに明快で印象深いものになるだろう。

あなたの提言によって、取り除くことのできる相手の苦痛、解決できる問題、満たすことのできるニーズを見きわめよう。あなたの提言が達成に一役買えるような、相手の目標も見つけよう。

まとめ

あらゆる会話は、ある意味でセールス・プレゼンテーションであり、講演の場合と同様、セールス・プレゼンテーションは相手を説得してそれまでとは違う行動を取らせようとすることだ。そのスキルを習得すれば、あなたは自分の分野のセールスピープル上位一〇パーセントへの道を突き進んでいくことになるだろう。

ブライアン・トレーシー
1944年生まれ。世界で最も有名なプロの講演家、コンサルタント。カリフォルニアに本拠を置く人材養成ビジネス会社の社長。
高校を中退後、数年間の肉体労働を経てセールスパーソンの職を得、ビジネス界でその才能を発揮。独自のアイデアと手法を生かし、大企業の重役まで上りつめる。自力で道を拓いて億万長者となった経験をもとに、成功の秘訣を伝授するセミナーを世界中で開催する。
著書は『カエルを食べてしまえ!』(ダイヤモンド社)、『頭がいい人、悪い人の仕事術』(アスコム)、『大富豪になる人の小さな習慣術』(徳間書店)など多数。

門田美鈴(かどた　みすず)
翻訳家。フリーライター。訳書は『チーズはどこへ消えた?』(扶桑社)、『2日で人生が変わる「箱」の法則』(祥伝社)、『カエルを食べてしまえ!』『マインドセット　ものを考える力』(ともにダイヤモンド社)など多数。

〈人生《じんせい》を劇的《げきてき》に変《か》える言葉《ことば》の魔力《まりょく》〉
ブライアン・トレーシーの話《はな》し方入門《かたにゅうもん》
2008年7月20日　初版発行

著　者　ブライアン・トレーシー
訳　者　門田美鈴
発行者　上林健一

発行所　株式会社日本実業出版社　東京都文京区本郷3-2-12　〒113-0033
大阪市北区西天満6-8-1　〒530-0047
編集部　☎03-3814-5651
営業部　☎03-3814-5161　振　替　00170-1-25349
http://www.njg.co.jp/

印刷／壮光舎　製本／若林製本

この本の内容についてのお問合せは、書面かFAX(03-3818-2723)にてお願い致します。
落丁・乱丁本は、送料小社負担にて、お取り替え致します。

ISBN 978-4-534-04412-9　Printed in JAPAN